中华人民共和国
招标投标法实施条例
实用问答

王志毅　主编

中国建材工业出版社

图书在版编目（CIP）数据

中华人民共和国招标投标法实施条例实用问答/王志毅主编.—北京:中国建材工业出版社,2012.4(2016.5重印)

ISBN 978-7-5160-0124-0

Ⅰ.①中… Ⅱ.①王… Ⅲ.①招标投标法－法律解释－中国－问题解答 Ⅳ.①D922.297.5-44

中国版本图书馆CIP数据核字（2012）第027273号

内 容 简 介

作为《中华人民共和国招标投标法》的重要配套法规，《中华人民共和国招标投标法实施条例》于2012年2月1日起施行。为宣传普及《中华人民共和国招标投标法实施条例》，使读者在较短的时间内尽快掌握《中华人民共和国招标投标法实施条例》的主要内容并及时应用到工作实践中，本书结合相关法律法规、政府文件以及《中华人民共和国招标投标法实施条例》制订过程中的背景资料，以问答的形式对《中华人民共和国招标投标法实施条例》的全部条文及其适用进行了全面和完整的解读。

本书读者对象：建设行政主管部门、造价部门、招投标部门；工程建设、工程承包、勘察设计、工程监理、房地产开发、工程咨询、招标代理、工程造价、项目管理单位；公路、市政、铁道、隧道、人防、水利、工业与民用建筑、冶金、化工、爆破、矿山等行业的企业；工程担保机构；高等院校、科研机构和有关协会、学会，会计/审计/律师事务所。

中华人民共和国招标投标法实施条例实用问答

王志毅　主编

出版发行：中国建材工业出版社
地　　址：北京市海淀区三里河路1号
邮　　编：100044
经　　销：全国各地新华书店
印　　刷：北京雁林吉兆印刷有限公司
开　　本：710mm×1000mm　1/16
印　　张：22
字　　数：420千字
版　　次：2012年4月第1版
印　　次：2016年5月第3次
定　　价：49.00元

本社网址：www.jccbs.com.cn

本书如出现印装质量问题，由我社发行部负责调换。联系电话：（010）88386906

编　委　会

前　言

为了统一我国各地方和各部门的招投标相关规则，增强《中华人民共和国招标投标法》的可操作性，2006 年初，国家发展改革委会同建设部（现住房城乡建设部）、铁道部、交通部、水利部、商务部等有关部委协调后，决定起草《中华人民共和国招标投标法实施条例》。

经过广泛征求意见并反复讨论修改，国务院第 183 次常务会议于 2011 年 11 月 30 日通过了《中华人民共和国招标投标法实施条例》，并于 2011 年 12 月 20 日由国务院总理温家宝签署第 613 号中华人民共和国国务院令予以公布，自 2012 年 2 月 1 日起施行。

作为《中华人民共和国招标投标法》（1999 年 8 月 30 日第九届全国人民代表大会常务委员会第十一次会议通过，1999 年 8 月 30 日中华人民共和国主席令第二十一号公布，自 2000 年 1 月 1 日起施行）的重要配套法规，《中华人民共和国招标投标法实施条例》总结吸收了自《中华人民共和国招标投标法》实施以来的实践经验以及招标投标实践中的成熟做法，增强了可操作性。《中华人民共和国招标投标法实施条例》不仅对《中华人民共和国招标投标法》中一些重要概念和原则性规定进行了明确和细化，将《中华人民共和国招标投标法》中的一些规定进一步具体化，而且针对建设工程招标投标领域的新情况、新问题充实完善了有关规定。

《中华人民共和国招标投标法实施条例》分为“总则”、“招标”、“投标”、“开标、评标和中标”、“投诉与处理”、“法律责任”、“附则”七章，共 85 条。《中华人民共和国招标投标法实施条例》不仅对当前实践中仍然存在的规避公开招标、评标专家不客观公正履行职责、国家工作人员插手干预招投标、虚假招标以及串通投标等突出问题作了针对性的预防安排，还就招标投标市场长远健康发展的需要进行了制度创新，例如鼓励推行电子招投标、实行招标从业人员职业资格制度、发布标准施工招标文件和资格预审文件、建立招投标信用制度等。

《中华人民共和国招标投标法实施条例》的颁布实施将对进一步完善我国的招标投标法律体系、整顿和规范建设工程招标投标市场秩序、加强从业人员的队伍建设、完善招标投标活动监督机制、预防和惩治腐败、维护招标投标正常秩序等具有重要意义。

为宣传普及《中华人民共和国招标投标法实施条例》，使读者在较短的时间内尽快掌握《中华人民共和国招标投标法实施条例》的主要内容并及时应用到工作实践中，中国建材工业出版社组织业内有关长期从事相关实务工作的人员编写了《中华人民共和国招标投标法实施条例实用问答》一书。本书结合相关法律法规、政府文件以及《中华人民共和国招标投标法实施条例》制订过程中的背景资料，以问答的形式对《中华人民共和国招标投标法实施条例》及其应用进行了全面和完整的解读。

编委会

2012 年 3 月

目　　录

第一部分　《中华人民共和国招标投标法实施条例》及相关文件

第二部分　《中华人民共和国招标投标法实施条例》实用问答

第三部分　附　　录

第一部分

《中华人民共和国招标投标法实施条例》及相关文件

中华人民共和国国务院令

（第613号）

《中华人民共和国招标投标法实施条例》已经2011年11月30日国务院第183次常务会议通过，现予公布，自2012年2月1日起施行。

总 理 温家宝

二〇一一年十二月二十日

中华人民共和国招标投标法实施条例

第一章　总　则

第一条　为了规范招标投标活动，根据《中华人民共和国招标投标法》（以下简称招标投标法），制定本条例。

第二条　招标投标法第三条所称工程建设项目，是指工程以及与工程建设有关的货物、服务。

前款所称工程，是指建设工程，包括建筑物和构筑物的新建、改建、扩建及其相关的装修、拆除、修缮等；所称与工程建设有关的货物，是指构成工程不可分割的组成部分，且为实现工程基本功能所必需的设备、材料等；所称与工程建设有关的服务，是指为完成工程所需的勘察、设计、监理等服务。

第三条　依法必须进行招标的工程建设项目的具体范围和规模标准，由国务院发展改革部门会同国务院有关部门制订，报国务院批准后公布施行。

第四条　国务院发展改革部门指导和协调全国招标投标工作，对国家重大建设项目的工程招标投标活动实施监督检查。国务院工业和信息化、住房城乡建设、交通运输、铁道、水利、商务等部门，按照规定的职责分工对有关招标投标活动实施监督。

县级以上地方人民政府发展改革部门指导和协调本行政区域的招标投标工作。县级以上地方人民政府有关部门按照规定的职责分工，对招标投标活动实施监督，依法查处招标投标活动中的违法行为。县级以上地方人民政府对其所属部门有关招标投标活动的监督职责分工另有规定的，从其规定。

财政部门依法对实行招标投标的政府采购工程建设项目的预算执行情况和政府采购政策执行情况实施监督。

监察机关依法对与招标投标活动有关的监察对象实施监察。

第五条　设区的市级以上地方人民政府可以根据实际需要，建立统一规范的招标投标交易场所，为招标投标活动提供服务。招标投标交易场所不得与行政监督部门存在隶属关系，不得以营利为目的。

国家鼓励利用信息网络进行电子招标投标。

第六条　禁止国家工作人员以任何方式非法干涉招标投标活动。

第二章 招 标

第七条 按照国家有关规定需要履行项目审批、核准手续的依法必须进行招标的项目，其招标范围、招标方式、招标组织形式应当报项目审批、核准部门审批、核准。项目审批、核准部门应当及时将审批、核准确定的招标范围、招标方式、招标组织形式通报有关行政监督部门。

第八条 国有资金占控股或者主导地位的依法必须进行招标的项目，应当公开招标；但有下列情形之一的，可以邀请招标：

（一）技术复杂、有特殊要求或者受自然环境限制，只有少量潜在投标人可供选择；

（二）采用公开招标方式的费用占项目合同金额的比例过大。

有前款第二项所列情形，属于本条例第七条规定的项目，由项目审批、核准部门在审批、核准项目时作出认定；其他项目由招标人申请有关行政监督部门作出认定。

第九条 除招标投标法第六十六条规定的可以不进行招标的特殊情况外，有下列情形之一的，可以不进行招标：

（一）需要采用不可替代的专利或者专有技术；

（二）采购人依法能够自行建设、生产或者提供；

（三）已通过招标方式选定的特许经营项目投资人依法能够自行建设、生产或者提供；

（四）需要向原中标人采购工程、货物或者服务，否则将影响施工或者功能配套要求；

（五）国家规定的其他特殊情形。

招标人为适用前款规定弄虚作假的，属于招标投标法第四条规定的规避招标。

第十条 招标投标法第十二条第二款规定的招标人具有编制招标文件和组织评标能力，是指招标人具有与招标项目规模和复杂程度相适应的技术、经济等方面的专业人员。

第十一条 招标代理机构的资格依照法律和国务院的规定由有关部门认定。

国务院住房城乡建设、商务、发展改革、工业和信息化等部门，按照规定的职责分工对招标代理机构依法实施监督管理。

第十二条 招标代理机构应当拥有一定数量的取得招标职业资格的专业人员。取得招标职业资格的具体办法由国务院人力资源社会保障部门会同国务院发展改革部门制定。

第十三条 招标代理机构在其资格许可和招标人委托的范围内开展招标代理业务，任何单位和个人不得非法干涉。

招标代理机构代理招标业务，应当遵守招标投标法和本条例关于招标人的规定。招标代理机构不得在所代理的招标项目中投标或者代理投标，也不得为所代理的招标项目的投标人提供咨询。

招标代理机构不得涂改、出租、出借、转让资格证书。

第十四条 招标人应当与被委托的招标代理机构签订书面委托合同，合同约定的收费标准应当符合国家有关规定。

第十五条 公开招标的项目，应当依照招标投标法和本条例的规定发布招标公告、编制招标文件。

招标人采用资格预审办法对潜在投标人进行资格审查的，应当发布资格预审公告、编制资格预审文件。

依法必须进行招标的项目的资格预审公告和招标公告，应当在国务院发展改革部门依法指定的媒介发布。在不同媒介发布的同一招标项目的资格预审公告或者招标公告的内容应当一致。指定媒介发布依法必须进行招标的项目的境内资格预审公告、招标公告，不得收取费用。

编制依法必须进行招标的项目的资格预审文件和招标文件，应当使用国务院发展改革部门会同有关行政监督部门制定的标准文本。

第十六条 招标人应当按照资格预审公告、招标公告或者投标邀请书规定的时间、地点发售资格预审文件或者招标文件。资格预审文件或者招标文件的发售期不得少于5日。

招标人发售资格预审文件、招标文件收取的费用应当限于补偿印刷、邮寄的成本支出，不得以营利为目的。

第十七条 招标人应当合理确定提交资格预审申请文件的时间。依法必须进行招标的项目提交资格预审申请文件的时间，自资格预审文件停止发售之日起不得少于5日。

第十八条 资格预审应当按照资格预审文件载明的标准和方法进行。

国有资金占控股或者主导地位的依法必须进行招标的项目，招标人应当组建资格审查委员会审查资格预审申请文件。资格审查委员会及其成员应当遵守招标投标法和本条例有关评标委员会及其成员的规定。

第十九条 资格预审结束后，招标人应当及时向资格预审申请人发出资格预审结果通知书。未通过资格预审的申请人不具有投标资格。

通过资格预审的申请人少于3个的，应当重新招标。

第二十条 招标人采用资格后审办法对投标人进行资格审查的，应当在开标后由评标委员会按照招标文件规定的标准和方法对投标人的资格进行审查。

第二十一条 招标人可以对已发出的资格预审文件或者招标文件进行必要的澄清或者修改。澄清或者修改的内容可能影响资格预审申请文件或者投标文件编制的，招标人应当在提交资格预审申请文件截止时间至少3日前，或者投标截止时间至少15日前，以书面形式通知所有获取资格预审文件或者招标文件的潜在投标人；不足3日或者15日的，招标人应当顺延提交资格预审申请文件或者投标文件的截止时间。

第二十二条 潜在投标人或者其他利害关系人对资格预审文件有异议的，应当在提交资格预审申请文件截止时间2日前提出；对招标文件有异议的，应当在投标截止时间10日前提出。招标人应当自收到异议之日起3日内作出答复；作出答复前，应当暂停招标投标活动。

第二十三条 招标人编制的资格预审文件、招标文件的内容违反法律、行政法规的强制性规定，违反公开、公平、公正和诚实信用原则，影响资格预审结果或者潜在投标人投标的，依法必须进行招标的项目的招标人应当在修改资格预审文件或者招标文件后重新招标。

第二十四条 招标人对招标项目划分标段的，应当遵守招标投标法的有关规定，不得利用划分标段限制或者排斥潜在投标人。依法必须进行招标的项目的招标人不得利用划分标段规避招标。

第二十五条 招标人应当在招标文件中载明投标有效期。投标有效期从提交投标文件的截止之日起算。

第二十六条 招标人在招标文件中要求投标人提交投标保证金的，投标保证金不得超过招标项目估算价的2%。投标保证金有效期应当与投标有效期一致。

依法必须进行招标的项目的境内投标单位，以现金或者支票形式提交的投标保证金应当从其基本账户转出。

招标人不得挪用投标保证金。

第二十七条 招标人可以自行决定是否编制标底。一个招标项目只能有一个标底。标底必须保密。

接受委托编制标底的中介机构不得参加受托编制标底项目的投标，也不得为该项目的投标人编制投标文件或者提供咨询。

招标人设有最高投标限价的，应当在招标文件中明确最高投标限价或者最高投标限价的计算方法。招标人不得规定最低投标限价。

第二十八条 招标人不得组织单个或者部分潜在投标人踏勘项目现场。

第二十九条 招标人可以依法对工程以及与工程建设有关的货物、服务全部或者部分实行总承包招标。以暂估价形式包括在总承包范围内的工程、货物、服务属于依法必须进行招标的项目范围且达到国家规定规模标准的，应当依法进行招标。

前款所称暂估价，是指总承包招标时不能确定价格而由招标人在招标文件中暂时估定的工程、货物、服务的金额。

第三十条 对技术复杂或者无法精确拟定技术规格的项目，招标人可以分两阶段进行招标。

第一阶段，投标人按照招标公告或者投标邀请书的要求提交不带报价的技术建议，招标人根据投标人提交的技术建议确定技术标准和要求，编制招标文件。

第二阶段，招标人向在第一阶段提交技术建议的投标人提供招标文件，投标人按照招标文件的要求提交包括最终技术方案和投标报价的投标文件。

招标人要求投标人提交投标保证金的，应当在第二阶段提出。

第三十一条 招标人终止招标的，应当及时发布公告，或者以书面形式通知被邀请的或者已经获取资格预审文件、招标文件的潜在投标人。已经发售资格预审文件、招标文件或者已经收取投标保证金的，招标人应当及时退还所收取的资格预审文件、招标文件的费用，以及所收取的投标保证金及银行同期存款利息。

第三十二条 招标人不得以不合理的条件限制、排斥潜在投标人或者投标人。

招标人有下列行为之一的，属于以不合理条件限制、排斥潜在投标人或者投标人：

（一）就同一招标项目向潜在投标人或者投标人提供有差别的项目信息；

（二）设定的资格、技术、商务条件与招标项目的具体特点和实际需要不相适应或者与合同履行无关；

（三）依法必须进行招标的项目以特定行政区域或者特定行业的业绩、奖项作为加分条件或者中标条件；

（四）对潜在投标人或者投标人采取不同的资格审查或者评标标准；

（五）限定或者指定特定的专利、商标、品牌、原产地或者供应商；

（六）依法必须进行招标的项目非法限定潜在投标人或者投标人的所有制形式或者组织形式；

（七）以其他不合理条件限制、排斥潜在投标人或者投标人。

第三章 投 标

第三十三条 投标人参加依法必须进行招标的项目的投标，不受地区或者部门的限制，任何单位和个人不得非法干涉。

第三十四条 与招标人存在利害关系可能影响招标公正性的法人、其他组织或者个人，不得参加投标。

单位负责人为同一人或者存在控股、管理关系的不同单位，不得参加同一标段投标或者未划分标段的同一招标项目投标。

违反前两款规定的，相关投标均无效。

第三十五条 投标人撤回已提交的投标文件，应当在投标截止时间前书面通知招标人。招标人已收取投标保证金的，应当自收到投标人书面撤回通知之日起5日内退还。

投标截止后投标人撤销投标文件的，招标人可以不退还投标保证金。

第三十六条 未通过资格预审的申请人提交的投标文件，以及逾期送达或者不按照招标文件要求密封的投标文件，招标人应当拒收。

招标人应当如实记载投标文件的送达时间和密封情况，并存档备查。

第三十七条 招标人应当在资格预审公告、招标公告或者投标邀请书中载明是否接受联合体投标。

招标人接受联合体投标并进行资格预审的，联合体应当在提交资格预审申请文件前组成。资格预审后联合体增减、更换成员的，其投标无效。

联合体各方在同一招标项目中以自己名义单独投标或者参加其他联合体投标的，相关投标均无效。

第三十八条 投标人发生合并、分立、破产等重大变化的，应当及时书面告知招标人。投标人不再具备资格预审文件、招标文件规定的资格条件或者其投标影响招标公正性的，其投标无效。

第三十九条 禁止投标人相互串通投标。

有下列情形之一的，属于投标人相互串通投标：

（一）投标人之间协商投标报价等投标文件的实质性内容；

（二）投标人之间约定中标人；

（三）投标人之间约定部分投标人放弃投标或者中标；

（四）属于同一集团、协会、商会等组织成员的投标人按照该组织要求协同投标；

（五）投标人之间为谋取中标或者排斥特定投标人而采取的其他联合行动。

第四十条 有下列情形之一的，视为投标人相互串通投标：

（一）不同投标人的投标文件由同一单位或者个人编制；

（二）不同投标人委托同一单位或者个人办理投标事宜；

（三）不同投标人的投标文件载明的项目管理成员为同一人；

（四）不同投标人的投标文件异常一致或者投标报价呈规律性差异；

（五）不同投标人的投标文件相互混装；

（六）不同投标人的投标保证金从同一单位或者个人的账户转出。

第四十一条 禁止招标人与投标人串通投标。

有下列情形之一的，属于招标人与投标人串通投标：

（一）招标人在开标前开启投标文件并将有关信息泄露给其他投标人；

（二）招标人直接或者间接向投标人泄露标底、评标委员会成员等信息；

（三）招标人明示或者暗示投标人压低或者抬高投标报价；

（四）招标人授意投标人撤换、修改投标文件；

（五）招标人明示或者暗示投标人为特定投标人中标提供方便；

（六）招标人与投标人为谋求特定投标人中标而采取的其他串通行为。

第四十二条 使用通过受让或者租借等方式获取的资格、资质证书投标的，属于招标投标法第三十三条规定的以他人名义投标。

投标人有下列情形之一的，属于招标投标法第三十三条规定的以其他方式弄虚作假的行为：

（一）使用伪造、变造的许可证件；

（二）提供虚假的财务状况或者业绩；

（三）提供虚假的项目负责人或者主要技术人员简历、劳动关系证明；

（四）提供虚假的信用状况；

（五）其他弄虚作假的行为。

第四十三条 提交资格预审申请文件的申请人应当遵守招标投标法和本条例有关投标人的规定。

第四章 开标、评标和中标

第四十四条 招标人应当按照招标文件规定的时间、地点开标。投标人少于 3 个的，不得开标；招标人应当重新招标。

投标人对开标有异议的，应当在开标现场提出，招标人应当当场作出答复，并制作记录。

第四十五条 国家实行统一的评标专家专业分类标准和管理办法。具体标准和办法由国务院发展改革部门会同国务院有关部门制定。

省级人民政府和国务院有关部门应当组建综合评标专家库。

第四十六条 除招标投标法第三十七条第三款规定的特殊招标项目外，依法必须进行招标的项目，其评标委员会的专家成员应当从评标专家库内相关专业的专家名单中以随机抽取方式确定。任何单位和个人不得以明示、暗示等任何方式指定或者变相指定参加评标委员会的专家成员。

依法必须进行招标的项目的招标人非因招标投标法和本条例规定的事由，不得更换依法确定的评标委员会成员。更换评标委员会的专家成员应当依照前款规定进行。

评标委员会成员与投标人有利害关系的，应当主动回避。

有关行政监督部门应当按照规定的职责分工，对评标委员会成员的确定方式、评标专家的抽取和评标活动进行监督。行政监督部门的工作人员不得担任本部门负责监督项目的评标委员会成员。

第四十七条 招标投标法第三十七条第三款所称特殊招标项目，是指技术复杂、专业性强或者国家有特殊要求，采取随机抽取方式确定的专家难以保证胜任评标工作的项目。

第四十八条 招标人应当向评标委员会提供评标所必需的信息，但不得明示或者暗示其倾向或者排斥特定投标人。

招标人应当根据项目规模和技术复杂程度等因素合理确定评标时间。超过三分之一的评标委员会成员认为评标时间不够的，招标人应当适当延长。

评标过程中，评标委员会成员有回避事由、擅离职守或者因健康等原因不能继续评标的，应当及时更换。被更换的评标委员会成员作出的评审结论无效，由更换后的评标委员会成员重新进行评审。

第四十九条 评标委员会成员应当依照招标投标法和本条例的规定，按照招标文件规定的评标标准和方法，客观、公正地对投标文件提出评审意见。招标文件没有规定的评标标准和方法不得作为评标的依据。

评标委员会成员不得私下接触投标人，不得收受投标人给予的财物或者其他好处，不得向招标人征询确定中标人的意向，不得接受任何单位或者个人明示或者暗示提出的倾向或者排斥特定投标人的要求，不得有其他不客观、不公正履行职务的行为。

第五十条 招标项目设有标底的，招标人应当在开标时公布。标底只能作为评标的参考，不得以投标报价是否接近标底作为中标条件，也不得以投标报价超过标底上下浮动范围作为否决投标的条件。

第五十一条 有下列情形之一的，评标委员会应当否决其投标：

（一）投标文件未经投标单位盖章和单位负责人签字；

（二）投标联合体没有提交共同投标协议；

（三）投标人不符合国家或者招标文件规定的资格条件；

（四）同一投标人提交两个以上不同的投标文件或者投标报价，但招标文件要求提交备选投标的除外；

（五）投标报价低于成本或者高于招标文件设定的最高投标限价；

（六）投标文件没有对招标文件的实质性要求和条件作出响应；

（七）投标人有串通投标、弄虚作假、行贿等违法行为。

第五十二条 投标文件中有含义不明确的内容、明显文字或者计算错误，评标委员会认为需要投标人作出必要澄清、说明的，应当书面通知该投标人。投标人的澄清、说明应当采用书面形式，并不得超出投标文件的范围或者改变投标文件的实质性内容。

评标委员会不得暗示或者诱导投标人作出澄清、说明，不得接受投标人主动提出的澄清、说明。

第五十三条 评标完成后，评标委员会应当向招标人提交书面评标报告和中标候选人名单。中标候选人应当不超过3个，并标明排序。

评标报告应当由评标委员会全体成员签字。对评标结果有不同意见的评标委员会成员应当以书面形式说明其不同意见和理由，评标报告应当注明该不同意见。评标委员会成员拒绝在评标报告上签字又不书面说明其不同意见和理由的，视为同意评标结果。

第五十四条 依法必须进行招标的项目，招标人应当自收到评标报告之日起3日内公示中标候选人，公示期不得少于3日。

投标人或者其他利害关系人对依法必须进行招标的项目的评标结果有异议的，应当在中标候选人公示期间提出。招标人应当自收到异议之日起3日内作出答复；作出答复前，应当暂停招标投标活动。

第五十五条 国有资金占控股或者主导地位的依法必须进行招标的项目，招标人应当确定排名第一的中标候选人为中标人。排名第一的中标候选人放弃中标、因不可抗力不能履行合同、不按照招标文件要求提交履约保证金，或者被查实存在影响中标结果的违法行为等情形，不符合中标条件的，招标人可以按照评标委员会提出的中标候选人名单排序依次确定其他中标候选人为中标人，也可以重新招标。

第五十六条 中标候选人的经营、财务状况发生较大变化或者存在违法行为，招标人认为可能影响其履约能力的，应当在发出中标通知书前由原评标委员会按照招标文件规定的标准和方法审查确认。

第五十七条 招标人和中标人应当依照招标投标法和本条例的规定签订书

面合同，合同的标的、价款、质量、履行期限等主要条款应当与招标文件和中标人的投标文件的内容一致。招标人和中标人不得再行订立背离合同实质性内容的其他协议。

招标人最迟应当在书面合同签订后5日内向中标人和未中标的投标人退还投标保证金及银行同期存款利息。

第五十八条 招标文件要求中标人提交履约保证金的，中标人应当按照招标文件的要求提交。履约保证金不得超过中标合同金额的10%。

第五十九条 中标人应当按照合同约定履行义务，完成中标项目。中标人不得向他人转让中标项目，也不得将中标项目肢解后分别向他人转让。

中标人按照合同约定或者经招标人同意，可以将中标项目的部分非主体、非关键性工作分包给他人完成。接受分包的人应当具备相应的资格条件，并不得再次分包。

中标人应当就分包项目向招标人负责，接受分包的人就分包项目承担连带责任。

第五章 投诉与处理

第六十条 投标人或者其他利害关系人认为招标投标活动不符合法律、行政法规规定的，可以自知道或者应当知道之日起10日内向有关行政监督部门投诉。投诉应当有明确的请求和必要的证明材料。

就本条例第二十二条、第四十四条、第五十四条规定事项投诉的，应当先向招标人提出异议，异议答复期间不计算在前款规定的期限内。

第六十一条 投诉人就同一事项向两个以上有权受理的行政监督部门投诉的，由最先收到投诉的行政监督部门负责处理。

行政监督部门应当自收到投诉之日起3个工作日内决定是否受理投诉，并自受理投诉之日起30个工作日内作出书面处理决定；需要检验、检测、鉴定、专家评审的，所需时间不计算在内。

投诉人捏造事实、伪造材料或者以非法手段取得证明材料进行投诉的，行政监督部门应当予以驳回。

第六十二条 行政监督部门处理投诉，有权查阅、复制有关文件、资料，调查有关情况，相关单位和人员应当予以配合。必要时，行政监督部门可以责令暂停招标投标活动。

行政监督部门的工作人员对监督检查过程中知悉的国家秘密、商业秘密，应当依法予以保密。

第六章　法律责任

第六十三条　招标人有下列限制或者排斥潜在投标人行为之一的，由有关行政监督部门依照招标投标法第五十一条的规定处罚：

（一）依法应当公开招标的项目不按照规定在指定媒介发布资格预审公告或者招标公告；

（二）在不同媒介发布的同一招标项目的资格预审公告或者招标公告的内容不一致，影响潜在投标人申请资格预审或者投标。

依法必须进行招标的项目的招标人不按照规定发布资格预审公告或者招标公告，构成规避招标的，依照招标投标法第四十九条的规定处罚。

第六十四条　招标人有下列情形之一的，由有关行政监督部门责令改正，可以处10万元以下的罚款：

（一）依法应当公开招标而采用邀请招标；

（二）招标文件、资格预审文件的发售、澄清、修改的时限，或者确定的提交资格预审申请文件、投标文件的时限不符合招标投标法和本条例规定；

（三）接受未通过资格预审的单位或者个人参加投标；

（四）接受应当拒收的投标文件。

招标人有前款第一项、第三项、第四项所列行为之一的，对单位直接负责的主管人员和其他直接责任人员依法给予处分。

第六十五条　招标代理机构在所代理的招标项目中投标、代理投标或者向该项目投标人提供咨询的，接受委托编制标底的中介机构参加受托编制标底项目的投标或者为该项目的投标人编制投标文件、提供咨询的，依照招标投标法第五十条的规定追究法律责任。

第六十六条　招标人超过本条例规定的比例收取投标保证金、履约保证金或者不按照规定退还投标保证金及银行同期存款利息的，由有关行政监督部门责令改正，可以处5万元以下的罚款；给他人造成损失的，依法承担赔偿责任。

第六十七条　投标人相互串通投标或者与招标人串通投标的，投标人向招标人或者评标委员会成员行贿谋取中标的，中标无效；构成犯罪的，依法追究刑事责任；尚不构成犯罪的，依照招标投标法第五十三条的规定处罚。投标人未中标的，对单位的罚款金额按照招标项目合同金额依照招标投标法规定的比例计算。

投标人有下列行为之一的，属于招标投标法第五十三条规定的情节严重行为，由有关行政监督部门取消其1年至2年内参加依法必须进行招标的项目的投标资格：

（一）以行贿谋取中标；

（二）3 年内 2 次以上串通投标；

（三）串通投标行为损害招标人、其他投标人或者国家、集体、公民的合法利益，造成直接经济损失 30 万元以上；

（四）其他串通投标情节严重的行为。

投标人自本条第二款规定的处罚执行期限届满之日起 3 年内又有该款所列违法行为之一的，或者串通投标、以行贿谋取中标情节特别严重的，由工商行政管理机关吊销营业执照。

法律、行政法规对串通投标报价行为的处罚另有规定的，从其规定。

第六十八条 投标人以他人名义投标或者以其他方式弄虚作假骗取中标的，中标无效；构成犯罪的，依法追究刑事责任；尚不构成犯罪的，依照招标投标法第五十四条的规定处罚。依法必须进行招标的项目的投标人未中标的，对单位的罚款金额按照招标项目合同金额依照招标投标法规定的比例计算。

投标人有下列行为之一的，属于招标投标法第五十四条规定的情节严重行为，由有关行政监督部门取消其 1 年至 3 年内参加依法必须进行招标的项目的投标资格：

（一）伪造、变造资格、资质证书或者其他许可证件骗取中标；

（二）3 年内 2 次以上使用他人名义投标；

（三）弄虚作假骗取中标给招标人造成直接经济损失 30 万元以上；

（四）其他弄虚作假骗取中标情节严重的行为。

投标人自本条第二款规定的处罚执行期限届满之日起 3 年内又有该款所列违法行为之一的，或者弄虚作假骗取中标情节特别严重的，由工商行政管理机关吊销营业执照。

第六十九条 出让或者出租资格、资质证书供他人投标的，依照法律、行政法规的规定给予行政处罚；构成犯罪的，依法追究刑事责任。

第七十条 依法必须进行招标的项目的招标人不按照规定组建评标委员会，或者确定、更换评标委员会成员违反招标投标法和本条例规定的，由有关行政监督部门责令改正，可以处 10 万元以下的罚款，对单位直接负责的主管人员和其他直接责任人员依法给予处分；违法确定或者更换的评标委员会成员作出的评审结论无效，依法重新进行评审。

国家工作人员以任何方式非法干涉选取评标委员会成员的，依照本条例第八十一条的规定追究法律责任。

第七十一条 评标委员会成员有下列行为之一的，由有关行政监督部门责令改正；情节严重的，禁止其在一定期限内参加依法必须进行招标的项目的评标；情节特别严重的，取消其担任评标委员会成员的资格：

（一）应当回避而不回避；

（二）擅离职守；

（三）不按照招标文件规定的评标标准和方法评标；

（四）私下接触投标人；

（五）向招标人征询确定中标人的意向或者接受任何单位或者个人明示或者暗示提出的倾向或者排斥特定投标人的要求；

（六）对依法应当否决的投标不提出否决意见；

（七）暗示或者诱导投标人作出澄清、说明或者接受投标人主动提出的澄清、说明；

（八）其他不客观、不公正履行职务的行为。

第七十二条 评标委员会成员收受投标人的财物或者其他好处的，没收收受的财物，处3000元以上5万元以下的罚款，取消担任评标委员会成员的资格，不得再参加依法必须进行招标的项目的评标；构成犯罪的，依法追究刑事责任。

第七十三条 依法必须进行招标的项目的招标人有下列情形之一的，由有关行政监督部门责令改正，可以处中标项目金额10‰以下的罚款；给他人造成损失的，依法承担赔偿责任；对单位直接负责的主管人员和其他直接责任人员依法给予处分：

（一）无正当理由不发出中标通知书；

（二）不按照规定确定中标人；

（三）中标通知书发出后无正当理由改变中标结果；

（四）无正当理由不与中标人订立合同；

（五）在订立合同时向中标人提出附加条件。

第七十四条 中标人无正当理由不与招标人订立合同，在签订合同时向招标人提出附加条件，或者不按照招标文件要求提交履约保证金的，取消其中标资格，投标保证金不予退还。对依法必须进行招标的项目的中标人，由有关行政监督部门责令改正，可以处中标项目金额10‰以下的罚款。

第七十五条 招标人和中标人不按照招标文件和中标人的投标文件订立合同，合同的主要条款与招标文件、中标人的投标文件的内容不一致，或者招标人、中标人订立背离合同实质性内容的协议的，由有关行政监督部门责令改正，可以处中标项目金额5‰以上10‰以下的罚款。

第七十六条 中标人将中标项目转让给他人的，将中标项目肢解后分别转让给他人的，违反招标投标法和本条例规定将中标项目的部分主体、关键性工作分包给他人的，或者分包人再次分包的，转让、分包无效，处转让、分包项目金额5‰以上10‰以下的罚款；有违法所得的，并处没收违法所得；可以责令停业整顿；情节严重的，由工商行政管理机关吊销营业执照。

第七十七条 投标人或者其他利害关系人捏造事实、伪造材料或者以非法手段取得证明材料进行投诉，给他人造成损失的，依法承担赔偿责任。

招标人不按照规定对异议作出答复，继续进行招标投标活动的，由有关行政监督部门责令改正，拒不改正或者不能改正并影响中标结果的，依照本条例第八十二条的规定处理。

第七十八条 取得招标职业资格的专业人员违反国家有关规定办理招标业务的，责令改正，给予警告；情节严重的，暂停一定期限内从事招标业务；情节特别严重的，取消招标职业资格。

第七十九条 国家建立招标投标信用制度。有关行政监督部门应当依法公告对招标人、招标代理机构、投标人、评标委员会成员等当事人违法行为的行政处理决定。

第八十条 项目审批、核准部门不依法审批、核准项目招标范围、招标方式、招标组织形式的，对单位直接负责的主管人员和其他直接责任人员依法给予处分。

有关行政监督部门不依法履行职责，对违反招标投标法和本条例规定的行为不依法查处，或者不按照规定处理投诉、不依法公告对招标投标当事人违法行为的行政处理决定的，对直接负责的主管人员和其他直接责任人员依法给予处分。

项目审批、核准部门和有关行政监督部门的工作人员徇私舞弊、滥用职权、玩忽职守，构成犯罪的，依法追究刑事责任。

第八十一条 国家工作人员利用职务便利，以直接或者间接、明示或者暗示等任何方式非法干涉招标投标活动，有下列情形之一的，依法给予记过或者记大过处分；情节严重的，依法给予降级或者撤职处分；情节特别严重的，依法给予开除处分；构成犯罪的，依法追究刑事责任：

（一）要求对依法必须进行招标的项目不招标，或者要求对依法应当公开招标的项目不公开招标；

（二）要求评标委员会成员或者招标人以其指定的投标人作为中标候选人或者中标人，或者以其他方式非法干涉评标活动，影响中标结果；

（三）以其他方式非法干涉招标投标活动。

第八十二条 依法必须进行招标的项目的招标投标活动违反招标投标法和

本条例的规定，对中标结果造成实质性影响，且不能采取补救措施予以纠正的，招标、投标、中标无效，应当依法重新招标或者评标。

第七章　附　则

第八十三条　招标投标协会按照依法制定的章程开展活动，加强行业自律和服务。

第八十四条　政府采购的法律、行政法规对政府采购货物、服务的招标投标另有规定的，从其规定。

第八十五条　本条例自 2012 年 2 月 1 日起施行。

《中华人民共和国招标投标法》

与

《中华人民共和国招标投标法实施条例》

条文对照表

《中华人民共和国招标投标法》 条文	《中华人民共和国招标投标法实施条例》 条文
1999 年 8 月 30 日第九届全国人民代表大会常务委员会第十一次会议通过，1999 年 8 月 30 日中华人民共和国主席令第二十一号公布，自 2000 年 1 月 1 日起施行。	2011 年 11 月 30 日国务院第 183 次常务会议通过，于 2011 年 12 月 20 日由国务院总理温家宝签署第 613 号中华人民共和国国务院令予以公布，自 2012 年 2 月 1 日起施行。
第一章	**第一章**
第一条 为了规范招标投标活动，保护国家利益、社会公共利益和招标投标活动当事人的合法权益，提高经济效益，保证项目质量，制定本法。	**第一条** 为了规范招标投标活动，根据《中华人民共和国招标投标法》（以下简称招标投标法），制定本条例。
第二条 在中华人民共和国境内进行招标投标活动，适用本法。	
第三条 在中华人民共和国境内进行下列工程建设项目包括项目的勘察、设计、施工、监理以及与工程建设有关的重要设备、材料等的采购，必须进行招标： （一）大型基础设施、公用事业等关系社会公共利益、公众安全的项目； （二）全部或者部分使用国有资金投资或者国家融资的项目； （三）使用国际组织或者外国政府贷款、援助资金的项目。 前款所列项目的具体范围和规模标准，由国务院发展计划部门会同国务院有关部门制订，报国务院批准。 法律或者国务院对必须进行招标的其他项目的范围有规定的，依照其规定。	**第二条** 招标投标法第三条所称工程建设项目，是指工程以及与工程建设有关的货物、服务。 前款所称工程，是指建设工程，包括建筑物和构筑物的新建、改建、扩建及其相关的装修、拆除、修缮等；所称与工程建设有关的货物，是指构成工程不可分割的组成部分，且为实现工程基本功能所必需的设备、材料等；所称与工程建设有关的服务，是指为完成工程所需的勘察、设计、监理等服务。 **第三条** 依法必须进行招标的工程建设项目的具体范围和规模标准，由国务院发展改革部门会同国务院有关部门制订，报国务院批准后公布施行。
第四条 任何单位和个人不得将依法必须进行招标的项目化整为零或者以其他任何方式规避招标。	
第五条 招标投标活动应当遵循公开、公平、公正和诚实信用的原则。	

第六条 依法必须进行招标的项目，其招标投标活动不受地区或者部门的限制。任何单位和个人不得违法限制或者排斥本地区、本系统以外的法人或者其他组织参加投标，不得以任何方式非法干涉招标投标活动。	**第六条** 禁止国家工作人员以任何方式非法干涉招标投标活动。
第七条 招标投标活动及其当事人应当接受依法实施的监督。 有关行政监督部门依法对招标投标活动实施监督，依法查处招标投标活动中的违法行为。 对招标投标活动的行政监督及有关部门的具体职权划分，由国务院规定。	**第四条** 国务院发展改革部门指导和协调全国招标投标工作，对国家重大建设项目的工程招标投标活动实施监督检查。国务院工业和信息化、住房城乡建设、交通运输、铁道、水利、商务等部门，按照规定的职责分工对有关招标投标活动实施监督。 县级以上地方人民政府发展改革部门指导和协调本行政区域的招标投标工作。县级以上地方人民政府有关部门按照规定的职责分工，对招标投标活动实施监督，依法查处招标投标活动中的违法行为。县级以上地方人民政府对其所属部门有关招标投标活动的监督职责分工另有规定的，从其规定。 财政部门依法对实行招标投标的政府采购工程建设项目的预算执行情况和政府采购政策执行情况实施监督。 监察机关依法对与招标投标活动有关的监察对象实施监察。
	第五条 设区的市级以上地方人民政府可以根据实际需要，建立统一规范的招标投标交易场所，为招标投标活动提供服务。招标投标交易场所不得与行政监督部门存在隶属关系，不得以营利为目的。 国家鼓励利用信息网络进行电子招标投标。
第二章 招标	**第二章 招标**
第八条 招标人是依照本法规定提出招标项目、进行招标的法人或者其他组织。	

第九条　招标项目按照国家有关规定需要履行项目审批手续的，应当先履行审批手续，取得批准。 招标人应当有进行招标项目的相应资金或者资金来源已经落实，并应当在招标文件中如实载明。	**第七条**　按照国家有关规定需要履行项目审批、核准手续的依法必须进行招标的项目，其招标范围、招标方式、招标组织形式应当报项目审批、核准部门审批、核准。项目审批、核准部门应当及时将审批、核准确定的招标范围、招标方式、招标组织形式通报有关行政监督部门。
第十条　招标分为公开招标和邀请招标。 公开招标，是指招标人以招标公告的方式邀请不特定的法人或者其他组织投标。 邀请招标，是指招标人以投标邀请书的方式邀请特定的法人或者其他组织投标。	
第十一条　国务院发展计划部门确定的国家重点项目和省、自治区、直辖市人民政府确定的地方重点项目不适宜公开招标的，经国务院发展计划部门或者省、自治区、直辖市人民政府批准，可以进行邀请招标。	**第八条**　国有资金占控股或者主导地位的依法必须进行招标的项目，应当公开招标；但有下列情形之一的，可以邀请招标： （一）技术复杂、有特殊要求或者受自然环境限制，只有少量潜在投标人可供选择； （二）采用公开招标方式的费用占项目合同金额的比例过大。 有前款第二项所列情形，属于本条例第七条规定的项目，由项目审批、核准部门在审批、核准项目时作出认定；其他项目由招标人申请有关行政监督部门作出认定。
	第九条　除招标投标法第六十六条规定的可以不进行招标的特殊情况外，有下列情形之一的，可以不进行招标： （一）需要采用不可替代的专利或者专有技术； （二）采购人依法能够自行建设、生产或者提供； （三）已通过招标方式选定的特许经营项目投资人依法能够自行建设、生产或者提供；

	（四）需要向原中标人采购工程、货物或者服务，否则将影响施工或者功能配套要求； （五）国家规定的其他特殊情形。 招标人为适用前款规定弄虚作假的，属于招标投标法第四条规定的规避招标。
第十二条　招标人有权自行选择招标代理机构，委托其办理招标事宜。任何单位和个人不得以任何方式为招标人指定招标代理机构。 招标人具有编制招标文件和组织评标能力的，可以自行办理招标事宜。任何单位和个人不得强制其委托招标代理机构办理招标事宜。 依法必须进行招标的项目，招标人自行办理招标事宜的，应当向有关行政监督部门备案。	**第十条**　招标投标法第十二条第二款规定的招标人具有编制招标文件和组织评标能力，是指招标人具有与招标项目规模和复杂程度相适应的技术、经济等方面的专业人员。
第十三条　招标代理机构是依法设立、从事招标代理业务并提供相关服务的社会中介组织。 招标代理机构应当具备下列条件： （一）有从事招标代理业务的营业场所和相应资金； （二）有能够编制招标文件和组织评标的相应专业力量； （三）有符合本法第三十七条第三款规定条件、可以作为评标委员会成员人选的技术、经济等方面的专家库。	**第十二条**　招标代理机构应当拥有一定数量的取得招标职业资格的专业人员。取得招标职业资格的具体办法由国务院人力资源社会保障部门会同国务院发展改革部门制定。
第十四条　从事工程建设项目招标代理业务的招标代理机构，其资格由国务院或者省、自治区、直辖市人民政府的建设行政主管部门认定。具体办法由国务院建设行政主管部门会同国务院有关部门制定。从事其他招标代理业务的招标代理机构，其资格认定的主管部门由国务院规定。	**第十一条**　招标代理机构的资格依照法律和国务院的规定由有关部门认定。 国务院住房城乡建设、商务、发展改革、工业和信息化等部门，按照规定的职责分工对招标代理机构依法实施监督管理。

招标代理机构与行政机关和其他国家机关不得存在隶属关系或者其他利益关系。	
第十五条 招标代理机构应当在招标人委托的范围内办理招标事宜，并遵守本法关于招标人的规定。	**第十三条** 招标代理机构在其资格许可和招标人委托的范围内开展招标代理业务，任何单位和个人不得非法干涉。 招标代理机构代理招标业务，应当遵守招标投标法和本条例关于招标人的规定。招标代理机构不得在所代理的招标项目中投标或者代理投标，也不得为所代理的招标项目的投标人提供咨询。 招标代理机构不得涂改、出租、出借、转让资格证书。
	第十四条 招标人应当与被委托的招标代理机构签订书面委托合同，合同约定的收费标准应当符合国家有关规定。
第十六条 招标人采用公开招标方式的，应当发布招标公告。依法必须进行招标的项目的招标公告，应当通过国家指定的报刊、信息网络或者其他媒介发布。 招标公告应当载明招标人的名称和地址、招标项目的性质、数量、实施地点和时间以及获取招标文件的办法等事项。	**第十五条** 公开招标的项目，应当依照招标投标法和本条例的规定发布招标公告、编制招标文件。 招标人采用资格预审办法对潜在投标人进行资格审查的，应当发布资格预审公告、编制资格预审文件。 依法必须进行招标的项目的资格预审公告和招标公告，应当在国务院发展改革部门依法指定的媒介发布。在不同媒介发布的同一招标项目的资格预审公告或者招标公告的内容应当一致。指定媒介发布依法必须进行招标的项目的境内资格预审公告、招标公告，不得收取费用。 编制依法必须进行招标的项目的资格预审文件和招标文件，应当使用国务院发展改革部门会同有关行政监督部门制定的标准文本。
第十七条 招标人采用邀请招标方式的，应当向三个以上具备承担招标项目的能力、资信良好的特定的法人或者其他组	**第十六条** 招标人应当按照资格预审公告、招标公告或者投标邀请书规定的时间、地点发售资格预审文件或者招标文件。

织发出投标邀请书。 投标邀请书应当载明本法第十六条第二款规定的事项。	资格预审文件或者招标文件的发售期不得少于5日。 招标人发售资格预审文件、招标文件收取的费用应当限于补偿印刷、邮寄的成本支出，不得以营利为目的。
	第十七条 招标人应当合理确定提交资格预审申请文件的时间。依法必须进行招标的项目提交资格预审申请文件的时间，自资格预审文件停止发售之日起不得少于5日。
	第十八条 资格预审应当按照资格预审文件载明的标准和方法进行。 国有资金占控股或者主导地位的依法必须进行招标的项目，招标人应当组建资格审查委员会审查资格预审申请文件。资格审查委员会及其成员应当遵守招标投标法和本条例有关评标委员会及其成员的规定。
	第十九条 资格预审结束后，招标人应当及时向资格预审申请人发出资格预审结果通知书。未通过资格预审的申请人不具有投标资格。 通过资格预审的申请人少于3个的，应当重新招标。
	第二十条 招标人采用资格后审办法对投标人进行资格审查的，应当在开标后由评标委员会按照招标文件规定的标准和方法对投标人的资格进行审查。
	第二十二条 潜在投标人或者其他利害关系人对资格预审文件有异议的，应当在提交资格预审申请文件截止时间2日前提出；对招标文件有异议的，应当在投标截止时间10日前提出。招标人应当自收到异议之日起3日内作出答复；作出答复前，应当暂停招标投标活动。

	第二十三条 招标人编制的资格预审文件、招标文件的内容违反法律、行政法规的强制性规定，违反公开、公平、公正和诚实信用原则，影响资格预审结果或者潜在投标人投标的，依法必须进行招标的项目的招标人应当在修改资格预审文件或者招标文件后重新招标。
第十八条 招标人可以根据招标项目本身的要求，在招标公告或者投标邀请书中，要求潜在投标人提供有关资质证明文件和业绩情况，并对潜在投标人进行资格审查；国家对投标人的资格条件有规定的，依照其规定。 招标人不得以不合理的条件限制或者排斥潜在投标人，不得对潜在投标人实行歧视待遇。	**第三十二条** 招标人不得以不合理的条件限制、排斥潜在投标人或者投标人。 招标人有下列行为之一的，属于以不合理条件限制、排斥潜在投标人或者投标人： （一）就同一招标项目向潜在投标人或者投标人提供有差别的项目信息； （二）设定的资格、技术、商务条件与招标项目的具体特点和实际需要不相适应或者与合同履行无关； （三）依法必须进行招标的项目以特定行政区域或者特定行业的业绩、奖项作为加分条件或者中标条件； （四）对潜在投标人或者投标人采取不同的资格审查或者评标标准； （五）限定或者指定特定的专利、商标、品牌、原产地或者供应商； （六）依法必须进行招标的项目非法限定潜在投标人或者投标人的所有制形式或者组织形式； （七）以其他不合理条件限制、排斥潜在投标人或者投标人。
第十九条 招标人应当根据招标项目的特点和需要编制招标文件。招标文件应当包括招标项目的技术要求、对投标人资格审查的标准、投标报价要求和评标标准等所有实质性要求和条件以及拟签订合同的主要条款。	**第二十四条** 招标人对招标项目划分标段的，应当遵守招标投标法的有关规定，不得利用划分标段限制或者排斥潜在投标人。依法必须进行招标的项目的招标人不得利用划分标段规避招标。 **第三十条** 对技术复杂或者无法精确拟

国家对招标项目的技术、标准有规定的，招标人应当按照其规定在招标文件中提出相应要求。 招标项目需要划分标段、确定工期的，招标人应当合理划分标段、确定工期，并在招标文件中载明。	定技术规格的项目，招标人可以分两阶段进行招标。 第一阶段，投标人按照招标公告或者投标邀请书的要求提交不带报价的技术建议，招标人根据投标人提交的技术建议确定技术标准和要求，编制招标文件。 第二阶段，招标人向在第一阶段提交技术建议的投标人提供招标文件，投标人按照招标文件的要求提交包括最终技术方案和投标报价的投标文件。 招标人要求投标人提交投标保证金的，应当在第二阶段提出。
第二十条 招标文件不得要求或者标明特定的生产供应者以及含有倾向或者排斥潜在投标人的其他内容。	**第二十九条** 招标人可以依法对工程以及与工程建设有关的货物、服务全部或者部分实行总承包招标。以暂估价形式包括在总承包范围内的工程、货物、服务属于依法必须进行招标的项目范围且达到国家规定规模标准的，应当依法进行招标。 前款所称暂估价，是指总承包招标时不能确定价格而由招标人在招标文件中暂时估定的工程、货物、服务的金额。
第二十一条 招标人根据招标项目的具体情况，可以组织潜在投标人踏勘项目现场。	**第二十八条** 招标人不得组织单个或者部分潜在投标人踏勘项目现场。
第二十二条 招标人不得向他人透露已获取招标文件的潜在投标人的名称、数量以及可能影响公平竞争的有关招标投标的其他情况。 招标人设有标底的，标底必须保密。	**第二十七条** 招标人可以自行决定是否编制标底。一个招标项目只能有一个标底。标底必须保密。 接受委托编制标底的中介机构不得参加受托编制标底项目的投标，也不得为该项目的投标人编制投标文件或者提供咨询。 招标人设有最高投标限价的，应当在招标文件中明确最高投标限价或者最高投标限价的计算方法。招标人不得规定最低投标限价。

第二十三条 招标人对已发出的招标文件进行必要的澄清或者修改的，应当在招标文件要求提交投标文件截止时间至少十五日前，以书面形式通知所有招标文件收受人。该澄清或者修改的内容为招标文件的组成部分。	**第二十一条** 招标人可以对已发出的资格预审文件或者招标文件进行必要的澄清或者修改。澄清或者修改的内容可能影响资格预审申请文件或者投标文件编制的，招标人应当在提交资格预审申请文件截止时间至少3日前，或者投标截止时间至少15日前，以书面形式通知所有获取资格预审文件或者招标文件的潜在投标人；不足3日或者15日的，招标人应当顺延提交资格预审申请文件或者投标文件的截止时间。
第二十四条 招标人应当确定投标人编制投标文件所需要的合理时间；但是，依法必须进行招标的项目，自招标文件开始发出之日起至投标人提交投标文件截止之日止，最短不得少于二十日。	**第二十五条** 招标人应当在招标文件中载明投标有效期。投标有效期从提交投标文件的截止之日起算。
	第二十六条 招标人在招标文件中要求投标人提交投标保证金的，投标保证金不得超过招标项目估算价的2%。投标保证金有效期应当与投标有效期一致。 依法必须进行招标的项目的境内投标单位，以现金或者支票形式提交的投标保证金应当从其基本账户转出。 招标人不得挪用投标保证金。
	第三十一条 招标人终止招标的，应当及时发布公告，或者以书面形式通知被邀请的或者已经获取资格预审文件、招标文件的潜在投标人。已经发售资格预审文件、招标文件或者已经收取投标保证金的，招标人应当及时退还所收取的资格预审文件、招标文件的费用，以及所收取的投标保证金及银行同期存款利息。
第三章 投标	**第三章 投标**
第二十五条 投标人是响应招标、参加投标竞争的法人或者其他组织。	**第三十三条** 投标人参加依法必须进行招标的项目的投标，不受地区或者部门

依法招标的科研项目允许个人参加投标的，投标的个人适用本法有关投标人的规定。	的限制，任何单位和个人不得非法干涉。
第二十六条 投标人应当具备承担招标项目的能力；国家有关规定对投标人资格条件或者招标文件对投标人资格条件有规定的，投标人应当具备规定的资格条件。	**第三十四条** 与招标人存在利害关系可能影响招标公正性的法人、其他组织或者个人，不得参加投标。 单位负责人为同一人或者存在控股、管理关系的不同单位，不得参加同一标段投标或者未划分标段的同一招标项目投标。 违反前两款规定的，相关投标均无效。
第二十七条 投标人应当按照招标文件的要求编制投标文件。投标文件应当对招标文件提出的实质性要求和条件作出响应。 招标项目属于建设施工的，投标文件的内容应当包括拟派出的项目负责人与主要技术人员的简历、业绩和拟用于完成招标项目的机械设备等。	
第二十八条 投标人应当在招标文件要求提交投标文件的截止时间前，将投标文件送达投标地点。招标人收到投标文件后，应当签收保存，不得开启。投标人少于三个的，招标人应当依照本法重新招标。 在招标文件要求提交投标文件的截止时间后送达的投标文件，招标人应当拒收。	**第三十六条** 未通过资格预审的申请人提交的投标文件，以及逾期送达或者不按照招标文件要求密封的投标文件，招标人应当拒收。 招标人应当如实记载投标文件的送达时间和密封情况，并存档备查。
第二十九条 投标人在招标文件要求提交投标文件的截止时间前，可以补充、修改或者撤回已提交的投标文件，并书面通知招标人。补充、修改的内容为投标文件的组成部分。	**第三十五条** 投标人撤回已提交的投标文件，应当在投标截止时间前书面通知招标人。招标人已收取投标保证金的，应当自收到投标人书面撤回通知之日起5日内退还。 投标截止后投标人撤销投标文件的，招标人可以不退还投标保证金。
第三十条 投标人根据招标文件载明的项目实际情况，拟在中标后将中标项目的部分非主体、非关键性工作进行分包的，应当在投标文件中载明。	

<table>
<tr><td> 第三十一条　两个以上法人或者其他组织可以组成一个联合体，以一个投标人的身份共同投标。 联合体各方均应当具备承担招标项目的相应能力；国家有关规定或者招标文件对投标人资格条件有规定的，联合体各方均应当具备规定的相应资格条件。由同一专业的单位组成的联合体，按照资质等级较低的单位确定资质等级。 联合体各方应当签订共同投标协议，明确约定各方拟承担的工作和责任，并将共同投标协议连同投标文件一并提交招标人。联合体中标的，联合体各方应当共同与招标人签订合同，就中标项目向招标人承担连带责任。 招标人不得强制投标人组成联合体共同投标，不得限制投标人之间的竞争。 </td><td> 第三十七条　招标人应当在资格预审公告、招标公告或者投标邀请书中载明是否接受联合体投标。 招标人接受联合体投标并进行资格预审的，联合体应当在提交资格预审申请文件前组成。资格预审后联合体增减、更换成员的，其投标无效。 联合体各方在同一招标项目中以自己名义单独投标或者参加其他联合体投标的，相关投标均无效。 </td></tr>
<tr><td></td><td> 第三十八条　投标人发生合并、分立、破产等重大变化的，应当及时书面告知招标人。投标人不再具备资格预审文件、招标文件规定的资格条件或者其投标影响招标公正性的，其投标无效。 </td></tr>
<tr><td> 第三十二条　投标人不得相互串通投标报价，不得排挤其他投标人的公平竞争，损害招标人或者其他投标人的合法权益。 投标人不得与招标人串通投标，损害国家利益、社会公共利益或者他人的合法权益。 禁止投标人以向招标人或者评标委员会成员行贿的手段谋取中标。 </td><td> 第三十九条　禁止投标人相互串通投标。 有下列情形之一的，属于投标人相互串通投标： （一）投标人之间协商投标报价等投标文件的实质性内容； （二）投标人之间约定中标人； （三）投标人之间约定部分投标人放弃投标或者中标； （四）属于同一集团、协会、商会等组织成员的投标人按照该组织要求协同投标； （五）投标人之间为谋取中标或者排斥特定投标人而采取的其他联合行动。 </td></tr>
</table>

	第四十条 有下列情形之一的，视为投标人相互串通投标： （一）不同投标人的投标文件由同一单位或者个人编制； （二）不同投标人委托同一单位或者个人办理投标事宜； （三）不同投标人的投标文件载明的项目管理成员为同一人； （四）不同投标人的投标文件异常一致或者投标报价呈规律性差异； （五）不同投标人的投标文件相互混装； （六）不同投标人的投标保证金从同一单位或者个人的账户转出。 **第四十一条** 禁止招标人与投标人串通投标。 有下列情形之一的，属于招标人与投标人串通投标： （一）招标人在开标前开启投标文件并将有关信息泄露给其他投标人； （二）招标人直接或者间接向投标人泄露标底、评标委员会成员等信息； （三）招标人明示或者暗示投标人压低或者抬高投标报价； （四）招标人授意投标人撤换、修改投标文件； （五）招标人明示或者暗示投标人为特定投标人中标提供方便； （六）招标人与投标人为谋求特定投标人中标而采取的其他串通行为。
第三十三条 投标人不得以低于成本的报价竞标，也不得以他人名义投标或者以其他方式弄虚作假，骗取中标。	**第四十二条** 使用通过受让或者租借等方式获取的资格、资质证书投标的，属于招标投标法第三十三条规定的以他人名义投标。 投标人有下列情形之一的，属于招标投标法第三十三条规定的以其他方式弄虚

	作假的行为： （一）使用伪造、变造的许可证件； （二）提供虚假的财务状况或者业绩； （三）提供虚假的项目负责人或者主要技术人员简历、劳动关系证明； （四）提供虚假的信用状况； （五）其他弄虚作假的行为。
	第四十三条 提交资格预审申请文件的申请人应当遵守招标投标法和本条例有关投标人的规定。
第四章 开标、评标和中标	**第四章 开标、评标和中标**
第三十四条 开标应当在招标文件确定的提交投标文件截止时间的同一时间公开进行；开标地点应当为招标文件中预先确定的地点。	**第四十四条** 招标人应当按照招标文件规定的时间、地点开标。 投标人少于3个的，不得开标；招标人应当重新招标。 投标人对开标有异议的，应当在开标现场提出，招标人应当当场作出答复，并制作记录。
第三十五条 开标由招标人主持，邀请所有投标人参加。	
第三十六条 开标时，由投标人或者其推选的代表检查投标文件的密封情况，也可以由招标人委托的公证机构检查并公证；经确认无误后，由工作人员当众拆封，宣读投标人名称、投标价格和投标文件的其他主要内容。 招标人在招标文件要求提交投标文件的截止时间前收到的所有投标文件，开标时都应当当众予以拆封、宣读。 开标过程应当记录，并存档备查。	
	第四十五条 国家实行统一的评标专家专业分类标准和管理办法。具体标准和办法由国务院发展改革部门会同国务院有关部门制定。

	省级人民政府和国务院有关部门应当组建综合评标专家库。
第三十七条 评标由招标人依法组建的评标委员会负责。 依法必须进行招标的项目，其评标委员会由招标人的代表和有关技术、经济等方面的专家组成，成员人数为五人以上单数，其中技术、经济等方面的专家不得少于成员总数的三分之二。 前款专家应当从事相关领域工作满八年并具有高级职称或者具有同等专业水平，由招标人从国务院有关部门或者省、自治区、直辖市人民政府有关部门提供的专家名册或者招标代理机构的专家库内的相关专业的专家名单中确定；一般招标项目可以采取随机抽取方式，特殊招标项目可以由招标人直接确定。 与投标人有利害关系的人不得进入相关项目的评标委员会；已经进入的应当更换。 评标委员会成员的名单在中标结果确定前应当保密。	**第四十六条** 除招标投标法第三十七条第三款规定的特殊招标项目外，依法必须进行招标的项目，其评标委员会的专家成员应当从评标专家库内相关专业的专家名单中以随机抽取方式确定。任何单位和个人不得以明示、暗示等任何方式指定或者变相指定参加评标委员会的专家成员。 依法必须进行招标的项目的招标人非因招标投标法和本条例规定的事由，不得更换依法确定的评标委员会成员。更换评标委员会的专家成员应当依照前款规定进行。 评标委员会成员与投标人有利害关系的，应当主动回避。 有关行政监督部门应当按照规定的职责分工，对评标委员会成员的确定方式、评标专家的抽取和评标活动进行监督。行政监督部门的工作人员不得担任本部门负责监督项目的评标委员会成员。 **第四十七条** 招标投标法第三十七条第三款所称特殊招标项目，是指技术复杂、专业性强或者国家有特殊要求，采取随机抽取方式确定的专家难以保证胜任评标工作的项目。
第三十八条 招标人应当采取必要的措施，保证评标在严格保密的情况下进行。 任何单位和个人不得非法干预、影响评标的过程和结果。	
第三十九条 评标委员会可以要求投标人对投标文件中含义不明确的内容作必要的澄清或者说明，但是澄清或者说明不得超出投标文件的范围或者改变投标文件的实质性内容。	**第五十二条** 投标文件中有含义不明确的内容、明显文字或者计算错误，评标委员会认为需要投标人作出必要澄清、说明的，应当书面通知该投标人。投标人的澄清、说明应当采用书面形式，并不得超出投标文件的范围或者改变投标文件的实质性内容。

	评标委员会不得暗示或者诱导投标人作出澄清、说明，不得接受投标人主动提出的澄清、说明。
	第四十八条 招标人应当向评标委员会提供评标所必需的信息，但不得明示或者暗示其倾向或者排斥特定投标人。 招标人应当根据项目规模和技术复杂程度等因素合理确定评标时间。超过三分之一的评标委员会成员认为评标时间不够的，招标人应当适当延长。 评标过程中，评标委员会成员有回避事由、擅离职守或者因健康等原因不能继续评标的，应当及时更换。被更换的评标委员会成员作出的评审结论无效，由更换后的评标委员会成员重新进行评审。
第四十条 评标委员会应当按照招标文件确定的评标标准和方法，对投标文件进行评审和比较；设有标底的，应当参考标底。评标委员会完成评标后，应当向招标人提出书面评标报告，并推荐合格的中标候选人。 招标人根据评标委员会提出的书面评标报告和推荐的中标候选人确定中标人。招标人也可以授权评标委员会直接确定中标人。 国务院对特定招标项目的评标有特别规定的，从其规定。	**第五十条** 招标项目设有标底的，招标人应当在开标时公布。标底只能作为评标的参考，不得以投标报价是否接近标底作为中标条件，也不得以投标报价超过标底上下浮动范围作为否决投标的条件。
	第五十三条 评标完成后，评标委员会应当向招标人提交书面评标报告和中标候选人名单。中标候选人应当不超过3个，并标明排序。 评标报告应当由评标委员会全体成员签字。对评标结果有不同意见的评标委员会成员应当以书面形式说明其不同意见和理由，评标报告应当注明该不同意见。评标

	委员会成员拒绝在评标报告上签字又不书面说明其不同意见和理由的，视为同意评标结果。
	第五十四条 依法必须进行招标的项目，招标人应当自收到评标报告之日起3日内公示中标候选人，公示期不得少于3日。 投标人或者其他利害关系人对依法必须进行招标的项目的评标结果有异议的，应当在中标候选人公示期间提出。招标人应当自收到异议之日起3日内作出答复；作出答复前，应当暂停招标投标活动。
第四十一条 中标人的投标应当符合下列条件之一： （一）能够最大限度地满足招标文件中规定的各项综合评价标准； （二）能够满足招标文件的实质性要求，并且经评审的投标价格最低；但是投标价格低于成本的除外。	**第五十五条** 国有资金占控股或者主导地位的依法必须进行招标的项目，招标人应当确定排名第一的中标候选人为中标人。排名第一的中标候选人放弃中标、因不可抗力不能履行合同、不按照招标文件要求提交履约保证金，或者被查实存在影响中标结果的违法行为等情形，不符合中标条件的，招标人可以按照评标委员会提出的中标候选人名单排序依次确定其他中标候选人为中标人，也可以重新招标。
	第五十六条 中标候选人的经营、财务状况发生较大变化或者存在违法行为，招标人认为可能影响其履约能力的，应当在发出中标通知书前由原评标委员会按照招标文件规定的标准和方法审查确认。
第四十二条 评标委员会经评审，认为所有投标都不符合招标文件要求的，可以否决所有投标。 依法必须进行招标的项目的所有投标被否决的，招标人应当依照本法重新招标。	**第五十一条** 有下列情形之一的，评标委员会应当否决其投标： （一）投标文件未经投标单位盖章和单位负责人签字； （二）投标联合体没有提交共同投标协议； （三）投标人不符合国家或者招标文件规定的资格条件；

	（四）同一投标人提交两个以上不同的投标文件或者投标报价，但招标文件要求提交备选投标的除外； （五）投标报价低于成本或者高于招标文件设定的最高投标限价； （六）投标文件没有对招标文件的实质性要求和条件作出响应； （七）投标人有串通投标、弄虚作假、行贿等违法行为。
第四十三条 在确定中标人前，招标人不得与投标人就投标价格、投标方案等实质性内容进行谈判。	
第四十四条 评标委员会成员应当客观、公正地履行职务，遵守职业道德，对所提出的评审意见承担个人责任。 评标委员会成员不得私下接触投标人，不得收受投标人的财物或者其他好处。 评标委员会成员和参与评标的有关工作人员不得透露对投标文件的评审和比较、中标候选人的推荐情况以及与评标有关的其他情况。	**第四十九条** 评标委员会成员应当依照招标投标法和本条例的规定，按照招标文件规定的评标标准和方法，客观、公正地对投标文件提出评审意见。招标文件没有规定的评标标准和方法不得作为评标的依据。 评标委员会成员不得私下接触投标人，不得收受投标人给予的财物或者其他好处，不得向招标人征询确定中标人的意向，不得接受任何单位或者个人明示或者暗示提出的倾向或者排斥特定投标人的要求，不得有其他不客观、不公正履行职务的行为。
第四十五条 中标人确定后，招标人应当向中标人发出中标通知书，并同时将中标结果通知所有未中标的投标人。 中标通知书对招标人和中标人具有法律效力。中标通知书发出后，招标人改变中标结果的，或者中标人放弃中标项目的，应当依法承担法律责任。	
第四十六条 招标人和中标人应当自中标通知书发出之日起三十日内，按照招标文件和中标人的投标文件订立书面合同。招标人和中标人不得再行订立背离合同实质性内容的其他协议。	**第五十七条** 招标人和中标人应当依照招标投标法和本条例的规定签订书面合同，合同的标的、价款、质量、履行期限等主要条款应当与招标文件和中标人的投标文件的内容一致。招标人和中标人不得

招标文件要求中标人提交履约保证金的，中标人应当提交。	再行订立背离合同实质性内容的其他协议。 招标人最迟应当在书面合同签订后5日内向中标人和未中标的投标人退还投标保证金及银行同期存款利息。 **第五十八条** 招标文件要求中标人提交履约保证金的，中标人应当按照招标文件的要求提交。履约保证金不得超过中标合同金额的10%。
第四十七条 依法必须进行招标的项目，招标人应当自确定中标人之日起十五日内，向有关行政监督部门提交招标投标情况的书面报告。	
第四十八条 中标人应当按照合同约定履行义务，完成中标项目。中标人不得向他人转让中标项目，也不得将中标项目肢解后分别向他人转让。 中标人按照合同约定或者经招标人同意，可以将中标项目的部分非主体、非关键性工作分包给他人完成。接受分包的人应当具备相应的资格条件，并不得再次分包。 中标人应当就分包项目向招标人负责，接受分包的人就分包项目承担连带责任。	**第五十九条** 中标人应当按照合同约定履行义务，完成中标项目。中标人不得向他人转让中标项目，也不得将中标项目肢解后分别向他人转让。 中标人按照合同约定或者经招标人同意，可以将中标项目的部分非主体、非关键性工作分包给他人完成。接受分包的人应当具备相应的资格条件，并不得再次分包。 中标人应当就分包项目向招标人负责，接受分包的人就分包项目承担连带责任。
	第五章 投诉与处理
	第六十条 投标人或者其他利害关系人认为招标投标活动不符合法律、行政法规规定的，可以自知道或者应当知道之日起10日内向有关行政监督部门投诉。投诉应当有明确的请求和必要的证明材料。 就本条例第二十二条、第四十四条、第五十四条规定事项投诉的，应当先向招标人提出异议，异议答复期间不计算在前款规定的期限内。

	第六十一条 投诉人就同一事项向两个以上有权受理的行政监督部门投诉的，由最先收到投诉的行政监督部门负责处理。 行政监督部门应当自收到投诉之日起3个工作日内决定是否受理投诉，并自受理投诉之日起30个工作日内作出书面处理决定；需要检验、检测、鉴定、专家评审的，所需时间不计算在内。 投诉人捏造事实、伪造材料或者以非法手段取得证明材料进行投诉的，行政监督部门应当予以驳回。
	第六十二条 行政监督部门处理投诉，有权查阅、复制有关文件、资料，调查有关情况，相关单位和人员应当予以配合。必要时，行政监督部门可以责令暂停招标投标活动。 行政监督部门的工作人员对监督检查过程中知悉的国家秘密、商业秘密，应当依法予以保密。
第五章 法律责任	**第六章 法律责任**
第四十九条 违反本法规定，必须进行招标的项目而不招标的，将必须进行招标的项目化整为零或者以其他任何方式规避招标的，责令限期改正，可以处项目合同金额千分之五以上千分之十以下的罚款；对全部或者部分使用国有资金的项目，可以暂停项目执行或者暂停资金拨付；对单位直接负责的主管人员和其他直接责任人员依法给予处分。	**第六十三条** 招标人有下列限制或者排斥潜在投标人行为之一的，由有关行政监督部门依照招标投标法第五十一条的规定处罚： （一）依法应当公开招标的项目不按照规定在指定媒介发布资格预审公告或者招标公告； （二）在不同媒介发布的同一招标项目的资格预审公告或者招标公告的内容不一致，影响潜在投标人申请资格预审或者投标。 依法必须进行招标的项目的招标人不按照规定发布资格预审公告或者招标公告，构成规避招标的，依照招标投标法第四十九条的规定处罚。

第五十条 招标代理机构违反本法规定，泄露应当保密的与招标投标活动有关的情况和资料的，或者与招标人、投标人串通损害国家利益、社会公共利益或者他人合法权益的，处五万元以上二十五万元以下的罚款，对单位直接负责的主管人员和其他直接责任人员处单位罚款数额百分之五以上百分之十以下的罚款；有违法所得的，并处没收违法所得；情节严重的，暂停直至取消招标代理资格；构成犯罪的，依法追究刑事责任。给他人造成损失的，依法承担赔偿责任。 前款所列行为影响中标结果的，中标无效。	**第六十五条** 招标代理机构在所代理的招标项目中投标、代理投标或者向该项目投标人提供咨询的，接受委托编制标底的中介机构参加受托编制标底项目的投标或者为该项目的投标人编制投标文件、提供咨询的，依照招标投标法第五十条的规定追究法律责任。
第五十一条 招标人以不合理的条件限制或者排斥潜在投标人的，对潜在投标人实行歧视待遇的，强制要求投标人组成联合体共同投标的，或者限制投标人之间竞争的，责令改正，可以处一万元以上五万元以下的罚款。	
第五十二条 依法必须进行招标的项目的招标人向他人透露已获取招标文件的潜在投标人的名称、数量或者可能影响公平竞争的有关招标投标的其他情况的，或者泄露标底的，给予警告，可以并处一万元以上十万元以下的罚款；对单位直接负责的主管人员和其他直接责任人员依法给予处分；构成犯罪的，依法追究刑事责任。 前款所列行为影响中标结果的，中标无效。	**第六十四条** 招标人有下列情形之一的，由有关行政监督部门责令改正，可以处10万元以下的罚款： （一）依法应当公开招标而采用邀请招标； （二）招标文件、资格预审文件的发售、澄清、修改的时限，或者确定的提交资格预审申请文件、投标文件的时限不符合招标投标法和本条例规定； （三）接受未通过资格预审的单位或者个人参加投标； （四）接受应当拒收的投标文件。 招标人有前款第一项、第三项、第四项所列行为之一的，对单位直接负责的主管人员和其他直接责任人员依法给予处分。

	第六十六条 招标人超过本条例规定的比例收取投标保证金、履约保证金或者不按照规定退还投标保证金及银行同期存款利息的，由有关行政监督部门责令改正，可以处5万元以下的罚款；给他人造成损失的，依法承担赔偿责任。
	第六十九条 出让或者出租资格、资质证书供他人投标的，依照法律、行政法规的规定给予行政处罚；构成犯罪的，依法追究刑事责任。
	第七十条 依法必须进行招标的项目的招标人不按照规定组建评标委员会，或者确定、更换评标委员会成员违反招标投标法和本条例规定的，由有关行政监督部门责令改正，可以处10万元以下的罚款，对单位直接负责的主管人员和其他直接责任人员依法给予处分；违法确定或者更换的评标委员会成员作出的评审结论无效，依法重新进行评审。 国家工作人员以任何方式非法干涉选取评标委员会成员的，依照本条例第八十一条的规定追究法律责任。
	第七十三条 依法必须进行招标的项目的招标人有下列情形之一的，由有关行政监督部门责令改正，可以处中标项目金额10‰以下的罚款；给他人造成损失的，依法承担赔偿责任；对单位直接负责的主管人员和其他直接责任人员依法给予处分： （一）无正当理由不发出中标通知书； （二）不按照规定确定中标人； （三）中标通知书发出后无正当理由改变中标结果； （四）无正当理由不与中标人订立合同； （五）在订立合同时向中标人提出附加条件。

第五十三条　投标人相互串通投标或者与招标人串通投标的，投标人以向招标人或者评标委员会成员行贿的手段谋取中标的，中标无效，处中标项目金额千分之五以上千分之十以下的罚款，对单位直接负责的主管人员和其他直接责任人员处单位罚款数额百分之五以上百分之十以下的罚款；有违法所得的，并处没收违法所得；情节严重的，取消其一年至二年内参加依法必须进行招标的项目的投标资格并予以公告，直至由工商行政管理机关吊销营业执照；构成犯罪的，依法追究刑事责任。给他人造成损失的，依法承担赔偿责任。	**第六十七条**　投标人相互串通投标或者与招标人串通投标的，投标人向招标人或者评标委员会成员行贿谋取中标的，中标无效；构成犯罪的，依法追究刑事责任；尚不构成犯罪的，依照招标投标法第五十三条的规定处罚。投标人未中标的，对单位的罚款金额按照招标项目合同金额依照招标投标法规定的比例计算。 投标人有下列行为之一的，属于招标投标法第五十三条规定的情节严重行为，由有关行政监督部门取消其1年至2年内参加依法必须进行招标的项目的投标资格： （一）以行贿谋取中标； （二）3年内2次以上串通投标； （三）串通投标行为损害招标人、其他投标人或者国家、集体、公民的合法利益，造成直接经济损失30万元以上； （四）其他串通投标情节严重的行为。 投标人自本条第二款规定的处罚执行期限届满之日起3年内又有该款所列违法行为之一的，或者串通投标、以行贿谋取中标情节特别严重的，由工商行政管理机关吊销营业执照。 法律、行政法规对串通投标报价行为的处罚另有规定的，从其规定。
第五十四条　投标人以他人名义投标或者以其他方式弄虚作假，骗取中标的，中标无效，给招标人造成损失的，依法承担赔偿责任；构成犯罪的，依法追究刑事责任。 依法必须进行招标的项目的投标人有前款所列行为尚未构成犯罪的，处中标项目金额千分之五以上千分之十以下的罚款，对单位直接负责的主管人员和其他直接责任人员处单位罚款数额百分之五以上百分之十以下的罚款；有违法所得的，并处没	**第六十八条**　投标人以他人名义投标或者以其他方式弄虚作假骗取中标的，中标无效；构成犯罪的，依法追究刑事责任；尚不构成犯罪的，依照招标投标法第五十四条的规定处罚。依法必须进行招标的项目的投标人未中标的，对单位的罚款金额按照招标项目合同金额依照招标投标法规定的比例计算。 投标人有下列行为之一的，属于招标投标法第五十四条规定的情节严重行为，由有关行政监督部门取消其1年至3年内

收违法所得；情节严重的，取消其一年至三年内参加依法必须进行招标的项目的投标资格并予以公告，直至由工商行政管理机关吊销营业执照。	参加依法必须进行招标的项目的投标资格： （一）伪造、变造资格、资质证书或者其他许可证件骗取中标； （二）3 年内 2 次以上使用他人名义投标； （三）弄虚作假骗取中标给招标人造成直接经济损失 30 万元以上； （四）其他弄虚作假骗取中标情节严重的行为。 投标人自本条第二款规定的处罚执行期限届满之日起 3 年内又有该款所列违法行为之一的，或者弄虚作假骗取中标情节特别严重的，由工商行政管理机关吊销营业执照。
	第七十七条　投标人或者其他利害关系人捏造事实、伪造材料或者以非法手段取得证明材料进行投诉，给他人造成损失的，依法承担赔偿责任。 招标人不按照规定对异议作出答复，继续进行招标投标活动的，由有关行政监督部门责令改正，拒不改正或者不能改正并影响中标结果的，依照本条例第八十二条的规定处理。
	第七十八条　取得招标职业资格的专业人员违反国家有关规定办理招标业务的，责令改正，给予警告；情节严重的，暂停一定期限内从事招标业务；情节特别严重的，取消招标职业资格。
第五十五条　依法必须进行招标的项目，招标人违反本法规定，与投标人就投标价格、投标方案等实质性内容进行谈判的，给予警告，对单位直接负责的主管人员和其他直接责任人员依法给予处分。 前款所列行为影响中标结果的，中标无效。	

	第七十一条 评标委员会成员有下列行为之一的，由有关行政监督部门责令改正；情节严重的，禁止其在一定期限内参加依法必须进行招标的项目的评标；情节特别严重的，取消其担任评标委员会成员的资格： （一）应当回避而不回避； （二）擅离职守； （三）不按照招标文件规定的评标标准和方法评标； （四）私下接触投标人； （五）向招标人征询确定中标人的意向或者接受任何单位或者个人明示或者暗示提出的倾向或者排斥特定投标人的要求； （六）对依法应当否决的投标不提出否决意见； （七）暗示或者诱导投标人作出澄清、说明或者接受投标人主动提出的澄清、说明； （八）其他不客观、不公正履行职务的行为。
第五十六条 评标委员会成员收受投标人的财物或者其他好处的，评标委员会成员或者参加评标的有关工作人员向他人透露对投标文件的评审和比较、中标候选人的推荐以及与评标有关的其他情况的，给予警告，没收收受的财物，可以并处三千元以上五万元以下的罚款，对有所列违法行为的评标委员会成员取消担任评标委员会成员的资格，不得再参加任何依法必须进行招标的项目的评标；构成犯罪的，依法追究刑事责任。	**第七十二条** 评标委员会成员收受投标人的财物或者其他好处的，没收收受的财物，处3000元以上5万元以下的罚款，取消担任评标委员会成员的资格，不得再参加依法必须进行招标的项目的评标；构成犯罪的，依法追究刑事责任。
第五十七条 招标人在评标委员会依法推荐的中标候选人以外确定中标人的，依法必须进行招标的项目在所有投标被评	

标委员会否决后自行确定中标人的，中标无效。责令改正，可以处中标项目金额千分之五以上千分之十以下的罚款；对单位直接负责的主管人员和其他直接责任人员依法给予处分。	
第五十八条 中标人将中标项目转让给他人的，将中标项目肢解后分别转让给他人的，违反本法规定将中标项目的部分主体、关键性工作分包给他人的，或者分包人再次分包的，转让、分包无效，处转让、分包项目金额千分之五以上千分之十以下的罚款；有违法所得的，并处没收违法所得；可以责令停业整顿；情节严重的，由工商行政管理机关吊销营业执照。	**第七十六条** 中标人将中标项目转让给他人的，将中标项目肢解后分别转让给他人的，违反招标投标法和本条例规定将中标项目的部分主体、关键性工作分包给他人的，或者分包人再次分包的，转让、分包无效，处转让、分包项目金额5‰以上10‰以下的罚款；有违法所得的，并处没收违法所得；可以责令停业整顿；情节严重的，由工商行政管理机关吊销营业执照。
第五十九条 招标人与中标人不按照招标文件和中标人的投标文件订立合同的，或者招标人、中标人订立背离合同实质性内容的协议的，责令改正；可以处中标项目金额千分之五以上千分之十以下的罚款。	**第七十五条** 招标人和中标人不按照招标文件和中标人的投标文件订立合同，合同的主要条款与招标文件、中标人的投标文件的内容不一致，或者招标人、中标人订立背离合同实质性内容的协议的，由有关行政监督部门责令改正，可以处中标项目金额5‰以上10‰以下的罚款。
第六十条 中标人不履行与招标人订立的合同的，履约保证金不予退还，给招标人造成的损失超过履约保证金数额的，还应当对超过部分予以赔偿；没有提交履约保证金的，应当对招标人的损失承担赔偿责任。 中标人不按照与招标人订立的合同履行义务，情节严重的，取消其二年至五年内参加依法必须进行招标的项目的投标资格并予以公告，直至由工商行政管理机关吊销营业执照。 因不可抗力不能履行合同的，不适用前两款规定。	**第七十四条** 中标人无正当理由不与招标人订立合同，在签订合同时向招标人提出附加条件，或者不按照招标文件要求提交履约保证金的，取消其中标资格，投标保证金不予退还。对依法必须进行招标的项目的中标人，由有关行政监督部门责令改正，可以处中标项目金额10‰以下的罚款。

第六十一条 本章规定的行政处罚，由国务院规定的有关行政监督部门决定。本法已对实施行政处罚的机关作出规定的除外。	
	第七十九条 国家建立招标投标信用制度。有关行政监督部门应当依法公告对招标人、招标代理机构、投标人、评标委员会成员等当事人违法行为的行政处理决定。
第六十二条 任何单位违反本法规定，限制或者排斥本地区、本系统以外的法人或者其他组织参加投标的，为招标人指定招标代理机构的，强制招标人委托招标代理机构办理招标事宜的，或者以其他方式干涉招标投标活动的，责令改正；对单位直接负责的主管人员和其他直接责任人员依法给予警告、记过、记大过的处分，情节较重的，依法给予降级、撤职、开除的处分。 个人利用职权进行前款违法行为的，依照前款规定追究责任。	**第八十条** 项目审批、核准部门不依法审批、核准项目招标范围、招标方式、招标组织形式的，对单位直接负责的主管人员和其他直接责任人员依法给予处分。 有关行政监督部门不依法履行职责，对违反招标投标法和本条例规定的行为不依法查处，或者不按照规定处理投诉、不依法公告对招标投标当事人违法行为的行政处理决定的，对直接负责的主管人员和其他直接责任人员依法给予处分。 项目审批、核准部门和有关行政监督部门的工作人员徇私舞弊、滥用职权、玩忽职守，构成犯罪的，依法追究刑事责任。
第六十三条 对招标投标活动依法负有行政监督职责的国家机关工作人员徇私舞弊、滥用职权或者玩忽职守，构成犯罪的，依法追究刑事责任；不构成犯罪的，依法给予行政处分。	**第八十一条** 国家工作人员利用职务便利，以直接或者间接、明示或者暗示等任何方式非法干涉招标投标活动，有下列情形之一的，依法给予记过或者记大过处分；情节严重的，依法给予降级或者撤职处分；情节特别严重的，依法给予开除处分；构成犯罪的，依法追究刑事责任： （一）要求对依法必须进行招标的项目不招标，或者要求对依法应当公开招标的项目不公开招标； （二）要求评标委员会成员或者招标人以其指定的投标人作为中标候选人或者中标人，或者以其他方式非法干涉评标活动，影响中标结果； （三）以其他方式非法干涉招标投标活动。

第六十四条 依法必须进行招标的项目违反本法规定，中标无效的，应当依照本法规定的中标条件从其余投标人中重新确定中标人或者依照本法重新进行招标。	**第八十二条** 依法必须进行招标的项目的招标投标活动违反招标投标法和本条例的规定，对中标结果造成实质性影响，且不能采取补救措施予以纠正的，招标、投标、中标无效，应当依法重新招标或者评标。
第六章 附则	**第七章 附则**
第六十五条 投标人和其他利害关系人认为招标投标活动不符合本法有关规定的，有权向招标人提出异议或者依法向有关行政监督部门投诉。	
第六十六条 涉及国家安全、国家秘密、抢险救灾或者属于利用扶贫资金实行以工代赈、需要使用农民工等特殊情况，不适宜进行招标的项目，按照国家有关规定可以不进行招标。	
第六十七条 使用国际组织或者外国政府贷款、援助资金的项目进行招标，贷款方、资金提供方对招标投标的具体条件和程序有不同规定的，可以适用其规定，但违背中华人民共和国的社会公共利益的除外。	
	第八十三条 招标投标协会按照依法制定的章程开展活动，加强行业自律和服务。
	第八十四条 政府采购的法律、行政法规对政府采购货物、服务的招标投标另有规定的，从其规定。
第六十八条 本法自2000年1月1日起施行。	**第八十五条** 本条例自2012年2月1日起施行。

第二部分

《中华人民共和国招标投标法实施条例》实用问答

1. 如何理解《中华人民共和国招标投标法实施条例》和《中华人民共和国招标投标法》之间的关系?

答:《中华人民共和国招标投标法》(以下简称《招标投标法》)是《中华人民共和国招标投标法实施条例》(以下简称《条例》)的母法;《条例》的制定根据是《招标投标法》。广义上的招标投标法是国家用来规范招标投标活动、调整在招标投标过程中产生的各种关系的法律规范的总称。按照法律效力的不同,我国的招标投标法法律规范分为三个层次:第一层次是由全国人民代表大会常务委员会1999年颁布的《招标投标法》,这是所有招标投标法律法规规范的基本法,也是狭义上的《招标投标法》;第二层次是由国务院颁布的招标投标行政法规,即2012年2月1日起施行的《条例》;第三层次是由国务院下属有关部门发布的有关招标投标的部门规章以及地方性招标投标法规和规章。以上三个层次的法律、法规、部门规章均可以称为广义上的招标投标法,共同构成我国招标投标的完整法律体系。三个层次的招标投标法律规范都是有关当事人从事招投标活动以及有关行政管理部门进行管理和处罚的根据;其中第一个层次和第二个层次的招标投标法律规范在有关当事人发生争议时可以直接作为人民法院进行裁判的根据。

第一章　总　　则

2. 制定《条例》的目的和根据是什么?

答: 根据《条例》第一条的规定，制定《条例》的目的是为了规范招标投标活动。

《条例》的颁布实施是国家法制建设中促进公平竞争、预防和惩治腐败的又一重大举措。《招标投标法》自2000年1月1日施行以来，对于推进招标采购制度的实施，促进公平竞争，加强反腐败制度建设，节约公共采购资金，保证采购质量，发挥了重要作用。随着招标采购方式的广泛应用，招标投标活动也出现了一些亟待解决的突出问题：一些依法必须招标的项目规避招标或者搞“明招暗定”的虚假招标，有的领导干部利用权力插手干预招标投标活动，搞权钱交易，使工程建设和其他公共采购领域成为腐败现象易发、多发的重灾区；一些招标投标活动当事人相互串通，围标串标，严重扰乱招标投标活动正常秩序，破坏公平竞争。招标投标活动中存在的突出问题，明显违反法律、法规已有的规定，同时也有相关制度需进一步完善的问题。认真总结招标投标法实施以来的实践经验，制定出台配套行政法规，将法律规定进一步具体化，增强可操作性，并针对新情况、新问题充实完善有关规定，进一步筑牢工程建设和其他公共采购领域预防和惩治腐败的制度屏障，维护招标投标活动的正常秩序，是必要的。制定出台《条例》，是落实中央部署、推动工程建设领域反腐败长效机制建设的一项重要任务，是解决招标投标领域突出问题、促进公平竞争、预防和惩治腐败的一项重要举措。

3. 如何理解《招标投标法》第三条所称的“工程建设项目”?

答:《招标投标法》第三条规定：“在中华人民共和国境内进行下列工程建设项目包括项目的勘察、设计、施工、监理以及与工程建设有关的重要设备、材料等的采购，必须进行招标：（一）大型基础设施、公用事业等关系社会公共利益、公众安全的项目；（二）全部或者部分使用国有资金投资或者国家融资的项目；（三）使用国际组织或者外国政府贷款、援助资金的项目。前款所列项目的具体范围和规模标准，由国务院发展计划部门会同国务院有关部门制订，报国务院批准。法律或者国务院对必须进行招标的其他项目的范围有规定的，依照其规定”。

上述“工程建设项目”是指工程以及与工程建设有关的货物、服务。其中“工程”是指建设工程，包括建筑物和构筑物的新建、改建、扩建及其相关的装修、拆除、修缮等；“与工程建设有关的货物”是指构成工程不可分割的组成部分，且为实现工程基本功能所必需的设备、材料等；“与工程建设有关的服务”是指为完成工程所需的勘察、设计、监理等服务。

4. 依法必须进行招标的工程建设项目的具体范围和规模标准由哪个部门制定?

答: 根据《条例》第三条的规定，依法必须进行招标的工程建设项目的具体范围和规模标准由国务院发展改革部门会同国务院有关部门制订，报国务院批准后公布施行。

5. 我国行政管理机构对招标投标工作的主管范围和职责如何划分?

答: 招标投标活动及其当事人应当接受依法实施的监督。有关行政监督部门依法对招标投标活动实施监督，依法查处招标投标活动中的违法行为。对招标投标活动的行政监督及有关部门的具体职权划分，由国务院规定。

有关行政监督管理部门对招标投标活动实施监督管理的事项主要应包括：

（一）对依照《招标投标法》必须招标的项目是否进行招标进行监督。凡属《招标投标法》第三条规定的工程建设项目及有关的重要设备、材料的采购，其采购规模达到国务院有关部门依照《招标投标法》制定的规模标准以上的，必须依照规定进行招标投标。对这些法定强制招标的项目是否依法进行了招标投标，有关行政监督部门应依法进行监督；

（二）对法定招标投标项目是否依照《招标投标法》规定的规则和程序进行招标投标实施监督。凡属法定招标的项目，必须依照《招标投标法》规定的规则、程序进行招标投标，以确保招标投标符合公开、公平、公正的原则，发挥其应有的优越性。有关行政监督部门应对法定强制招标项目是否依照法定规则和程序进行招标投标实施监督。包括，对招标人是否采用适当的招标方式进行监督；对招标代理机构是否具有法定代理资格以及是否依照法律和招标人的委托进行招标代理活动进行监督；对招标人是否依法提供招标信息，依法接受投标人的投标，依法进行开标、评标和定标，直至依法与中标人签订合同进行监督；对投标人是否依法参加投标活动，进行正当竞争进行监督等；

（三）依法查处招标投标活动中的违法行为。依照《招标投标法》第五章关于“法律责任”的规定，有关行政监督部门对违反《招标投标法》规定的行为，包括对法定强制招标项目不进行招标的，招标人、投标人、招标代理机构不按《招标投标法》规定的规则和程序进行招标投标活动的等，除责令改正外，依法给予罚款、没收违法所得、取消资格、责令停业、吊销营业执照等行政处罚。

根据《条例》第四条第一款的规定，国务院发展改革部门指导和协调全国招标投标工作，对国家重大建设项目的工程招标投标活动实施监督检查。国务院工业和信息化、住房城乡建设、交通运输、铁道、水利、商务等部门，按照规定的职责分工对有关招标投标活动实施监督。

鉴于国务院有关部门现行职责分工基本适应招标投标市场监督管理的需要，《条例》第四条第一款维持了目前国务院有关部门招投标行政监督职责的分工，《国务院办公厅印发国务院有关部门实施招标投标活动行政监督的职责分工意见的通知》（国办发［2000］34 号）印发以来，国家发展改革委发挥指导协调作用，国务院有关部门分工负责，认真履行招标投标行政监督职责，招标投标事业得到了健康快速发展，法规体系基本形成，监督执法得到加强和规范，行业自律机制建立并发挥重要作用，一个统一开放、竞争有序的招标投标大市场正在形成。从总体上看，目前由国家发展改革委指导协调、各部门分工负责的监督管理体制，适应了招标投标工作涉及面广、专业性强、行业跨度大的特点，有利于充分发挥各行业管理部门作用，进一步突出招标投标活动的行业性、专业性特点，增强行政监督的针对性、有效性，提高管理效率。

为兼顾地方行政监督分工的实际需要，《条例》第四条第二款规定：“县级以上地方人民政府发展改革部门指导和协调本行政区域的招标投标工作。县级以上地方人民政府有关部门按照规定的职责分工，对招标投标活动实施监督，依法查处招标投标活动中的违法行为”。因此，县级以上地方人民政府有关部门招标投标行政监督职责分工，原则上是参照国务院有关部门职责分工规定，以确保上下协调一致。但考虑到地方人民政府的机构设置与国务院机构设置并不完全对应，并且一些地方结合本地特点已经制定了与国务院部门职责分工不同的规定，还有一些地方探索成立了综合性招标投标行政监督部门，实施统一监管。为了给地方人民政府的自主规定和行政监督管理体制改革留出空间，该款同时规定“县级以上地方人民政府对其所属部门有关招标投标活动的监督职责分工另有规定的，从其规定”。

此外，《条例》第四条第三款和第四款还分别规定了财政部门依法对实行招标投标的政府采购工程建设项目的预算执行情况和政府采购政策执行情况实施监督；监察机关依法对与招标投标活动有关的监察对象实施监察。

6. 如何设立招标投标交易场所?

答: 目前,我国一些地方设立了开展招标投标活动的场所,有“工程交易中心”、“公共资源交易中心”等,《条例》将其称为“招标投标交易场所”。在功能定位上,《条例》规定招标投标交易场所应立足于为招标投标活动提供服务。在与行政监督部门的关系上,《条例》规定招标投标交易场所不得与行政监督部门存在隶属关系。在设立的层级上,《条例》规定设区的市级以上地方人民政府可以根据实际需要建立统一规范的招标投标交易场所。同时,《条例》规定招标投标交易场所不得以营利为目的。

国家鼓励利用信息网络进行电子招标投标。

7. 在招标投标活动中对国家工作人员有何特殊要求?

答: 目前,招标投标领域仍然是违法违纪问题的易发高发领域。领导干部违规插手干预招标投标活动、进行权钱交易等问题还比较突出,社会对此反映强烈。有关法律法规和党纪政纪对禁止领导干部等国家工作人员插手干预招标投标活动已有明确规定。为切实落实要将严格禁止利用权力干预、操纵招标投标活动“作为一条‘高压线’,谁碰就依法处理谁”的要求,《条例》第六条重申规定:“禁止国家工作人员以任何方式非法干涉招标投标活动”。国家工作人员利用职务便利,以直接或者间接、明示或者暗示等任何方式要求对依法必须进行招标的项目不招标的,或者要求对依法应当公开招标的项目不公开招标的,要求评标委员会成员或者招标人选定所指定的投标人为中标候选人或者中标人的,或者以其他方式非法干涉评标活动影响中标结果的,依法给予记过或者记大过处分;情节严重的,依法给予降级或者撤职处分;情节特别严重的,依法给予开除处分;构成犯罪的,依法追究刑事责任。这里讲的“国家工作人员”,依照法律规定,包括国家机关工作人员和国有企业、事业单位中依法从事公务的人员。另外,条例还明确规定,监察机关依法对与招标投标活动有关的监察对象实施监察。这与《中华人民共和国行政监察法》、《行政机关公务员处分条例》及国家有关政策规定相衔接,有利于加强对有关政府部门及其工作人员的行政监察,严肃查处国家工作人员插手干预招标投标活动的行为。

为保障严格执法,落实行政问责制度,《条例》第八十条还进一步规定:有关行政监督部门不依法履行职责,对违法行为不依法查处,或者不按照规定处理投诉、不依法公告对招标投标当事人违法行为的行政处理决定的,对直接负责的主管人员和其他直接责任人员依法给予处分;构成犯罪的,依法追究刑事责任。

第二章　招　　标

8. 在进行招标开始之前，招标人须办理哪些手续?

答: 根据《条例》第七条的规定，按照国家有关规定需要履行项目审批、核准手续的依法必须进行招标的项目，其招标范围、招标方式、招标组织形式应当报项目审批、核准部门审批、核准。项目审批、核准部门应当及时将审批、核准确定的招标范围、招标方式、招标组织形式通报有关行政监督部门。

9. 国有资金占控股或者主导地位的依法必须进行招标的项目进行招标时有何特殊规定?

答: 招标分为公开招标和邀请招标。所谓“公开招标”是指招标人以招标公告的方式邀请不特定的法人或者其他组织投标;“邀请招标”是指招标人以投标邀请书的方式邀请特定的法人或者其他组织投标。

《条例》进一步明确了应当公开招标的项目范围。针对一些应当公开招标的项目以法律规定不明确为借口规避公开招标的问题，《条例》第八条规定，国有资金占控股或者主导地位的依法必须进行招标的项目，应当公开招标。但有下列情形之一的，可以邀请招标:

一是技术复杂、有特殊要求或者受自然环境限制，只有少量潜在投标人可供选择;

二是采用公开招标方式的费用占项目合同金额的比例过大。

出现“采用公开招标方式的费用占项目合同金额的比例过大”这一情形时，为了防止招标人以项目不适于公开招标为由规避本应进行的公开招标，《条例》规定了采用邀请招标方式的批准程序：如果属于《条例》第七条规定的项目，由项目审批、核准部门在审批、核准项目时作出认定；其他项目由招标人申请有关行政监督部门作出认定。

10. 哪些情形可以不进行招标?

答:《招标投标法》第六十六条规定：涉及国家安全、国家秘密、抢险救灾或者属于利用扶贫资金实行以工代赈、需要使用农民工等特殊情况，不适宜进行招标的项目，按照国家有关规定可以不进行招标。

鉴于时代的发展和现实需要，《条例》第九条又补充规定，有下列情形之一的，也可以不进行招标：

（一）需要采用不可替代的专利或者专有技术；

（二）采购人依法能够自行建设、生产或者提供；

（三）已通过招标方式选定的特许经营项目投资人依法能够自行建设、生产或者提供；

（四）需要向原中标人采购工程、货物或者服务，否则将影响施工或者功能配套要求；

（五）国家规定的其他特殊情形。

我国法律禁止任何单位和个人将依法必须进行招标的项目化整为零或者以其他任何方式规避招标。如果招标人为适用上述规定弄虚作假的，将被认定为规避招标。规避强制招标不仅会直接导致招标乃至中标无效，也为法律所禁止甚至会受到处罚。

11. 如何理解“招标人具有编制招标文件和组织评标能力”？

答：《招标投标法》第十二条第二款规定：招标人具有编制招标文件和组织评标能力的，可以自行办理招标事宜。任何单位和个人不得强制其委托招标代理机构办理招标事宜。

根据《条例》第十条的界定，《招标投标法》第十二条第二款规定的“招标人具有编制招标文件和组织评标能力”，是指招标人具有与招标项目规模和复杂程度相适应的技术、经济等方面的专业人员。

12. 招标代理机构的资格由哪个部门认定？

答：招标代理机构是依法设立、从事招标代理业务并提供相关服务的社会中介组织。招标代理机构应当具备下列条件：

（一）有从事招标代理业务的营业场所和相应资金；

（二）有能够编制招标文件和组织评标的相应专业力量；

（三）有符合法律规定的条件、可以作为评标委员会成员人选的技术、经济等方面的专家库。专家应当从事相关领域工作满八年并具有高级职称或者具有同等专业水平，由招标人从国务院有关部门或者省、自治区、直辖市人民政府有关部门提供的专家名册或者招标代理机构的专家库内的相关专业的专家名单中确定；一般招标项目可以采取随机抽取方式，特殊招标项目可以由招标人直接确定。

《招标投标法》第十四条规定：从事工程建设项目招标代理业务的招标代理机构，其资格由国务院或者省、自治区、直辖市人民政府的建设行政主管部门认定。具体办法由国务院建设行政主管部门会同国务院有关部门制定。从事其他招标代理业务的招标代理机构，其资格认定的主管部门由国务院规定。招标代理机构与行政机关和其他国家机关不得存在隶属关系或者其他利益关系。《条例》第十一条也规定，招标代理机构的资格依照法律和国务院的规定由有关部门认定。结合上述《招标投标法》和《条例》的规定，我国招标代理机构的资格认定分为两个层次：

（一）从事工程建设项目招标代理业务的招标代理机构的代理资格按照管理权限划分，分别由国务院建设行政主管部门和省级人民政府建设行政主管部门认定。认定的办法应由国务院建设行政主管部门会同国务院有关部门制定，建设行政主管部门不应单独制定具体办法；

（二）从事其他招标代理业务包括货物采购及服务等的招标代理业务，按照国家规定需要进行资格认定的，其代理资格的认定由国务院规定的主管部门认定。这主要是考虑其他招标代理业务范围较广，情况比较复杂，不宜统一在法律中规定，因此授权国务院根据实际情况作出规定。

招标代理机构是依法设立、从事招标代理业务并提供相关服务的社会中介组织。为规范招标代理行为，促进招标代理市场健康发展，《条例》从四个方面对招标代理机构作了规定。

一是明确招标代理机构资格应按照《招标投标法》第十四条和《国务院办公厅印发国务院有关部门实施招标投标活动行政监督的职责分工意见的通知》（国办发［2000］34 号）规定，由国务院住房城乡建设、商务、发展改革、工业和信息化等部门，按照规定的职责分工对招标代理机构依法实施监督管理。

二是为提高招标代理从业人员素质，规定招标代理机构应当拥有一定数量的取得招标职业资格的专业人员。取得招标职业资格的具体办法由国务院人力资源社会保障部门会同国务院发展改革部门制定。

三是进一步明确了招标代理机构的权利义务，并对招标代理行为做了禁止性规定。即招标代理机构在其资格许可和招标人委托的范围内开展招标代理业务，任何单位和个人不得非法干涉。招标代理机构代理招标业务，应当遵守《招标投标法》和《条例》关于招标人的规定。招标代理机构不得在所代理的招标项目中投标或者代理投标，也不得为所代理的招标项目的投标人提供咨询。招标代理机构不得涂改、出租、出借、转让资格证书。

四是规定招标人应当与被委托的招标代理机构签订书面委托合同，合同约定的收费标准应当符合国家有关规定。2011 年 5 月，国家发展改革委印发《关于降低部分建设项目收费标准规范收费行为等有关问题的通知》（发改价格［2011］534 号），对招标代理服务收费标准进行了调整和规范。

13. 招标代理机构的资格由哪个部门实施监督管理？

答：根据《条例》第十一条的规定，国务院住房城乡建设、商务、发展改革、工业和信息化等部门，按照规定的职责分工对招标代理机构依法实施监督管理。

14. 如何取得招标职业资格？

答：根据《条例》第十二条规定，招标代理机构应当拥有一定数量的取得招标职业资格的专业人员。取得招标职业资格的具体办法由国务院人力资源社会保障部门会同国务院发展改革部门制定。

15. 我国法律对招标代理机构的权利和义务有何规定？

答：招标代理机构在其资格许可和招标人委托的范围内有权自主开展招标代理业务，任何单位和个人不得非法干涉。但同时也应履行以下义务：

（一）招标代理机构代理招标业务，应当遵守《招标投标法》和《条例》关于招标人的规定；

（二）招标代理机构不得在所代理的招标项目中投标或者代理投标，也不得为所代理的招标项目的投标人提供咨询；

（三）招标代理机构不得涂改、出租、出借、转让资格证书。

16. 招标人与被委托的招标代理机构如何建立委托关系？如何支付报酬？

答：《条例》第十四条规定：招标人应当与被委托的招标代理机构签订书面委托合同，合同约定的收费标准应当符合国家有关规定。

17. 公开招标的项目如何发布资格预审公告或者招标公告、编制资格预审文件或者招标文件？

答：招标人采用公开招标方式的，应当发布招标公告。依法必须进行招标的项目的招标公告，应当通过国家指定的报刊、信息网络或者其他媒介发布。招标公告应当载明招标人的名称和地址、招标项目的性质、数量、实施地点和时间以及获取招标文件的办法等事项。

公开招标的项目，应当依照《招标投标法》和《条例》的规定发布招标公告、编制招标文件。

招标人可以根据招标项目本身的要求，在招标公告或者投标邀请书中，要求潜在投标人提供有关资质证明文件和业绩情况，并对潜在投标人进行资格审查；国家对投标人的资格条件有规定的，依照其规定。招标人不得以不合理的条件限制或者排斥潜在投标人，不得对潜在投标人实行歧视待遇。

招标人采用资格预审办法对潜在投标人进行资格审查的，应当发布资格预审公告、编制资格预审文件。

依法必须进行招标的项目的资格预审公告和招标公告，应当在国务院发展改革部门依法指定的媒介发布。在不同媒介发布的同一招标项目的资格预审公告或者招标公告的内容应当一致。指定媒介发布依法必须进行招标的项目的境内资格预审公告、招标公告，不得收取费用。

编制依法必须进行招标的项目的资格预审文件和招标文件，应当使用国务院发展改革部门会同有关行政监督部门制定的标准文本。

18. 资格预审文件或者招标文件的发售期间有何规定?

答:《条例》第十六条规定，招标人应当按照资格预审公告、招标公告或者投标邀请书规定的时间、地点发售资格预审文件或者招标文件。资格预审文件或者招标文件的发售期不得少于5日。

19. 招标人发售资格预审文件、招标文件是否可以收取费用? 收费标准有何规定?

答: 招标人发售资格预审文件、招标文件可以收取费用。《条例》第十六条规定，招标人发售资格预审文件、招标文件收取的费用应当限于补偿印刷、邮寄的成本支出，不得以营利为目的。

20. 提交资格预审申请文件的时间如何确定?

答: 根据《条例》第十七条的规定，招标人应当合理确定提交资格预审申请文件的时间。依法必须进行招标的项目提交资格预审申请文件的时间，自资格预审文件停止发售之日起不得少于5日。

21. 国有资金占控股或者主导地位的依法必须进行招标的项目，招标人应当如何审查资格预审申请文件?

答:《条例》第十八条规定，资格预审应当按照资格预审文件载明的标准和方法进行。国有资金占控股或者主导地位的依法必须进行招标的项目，招标人应当组建资格审查委员会审查资格预审申请文件。资格审查委员会及其成员应当遵守《招标投标法》和《条例》有关评标委员会及其成员的规定。

22. 资格预审结果是否需要通知所有申请人？

答：根据《条例》第十九条的规定，资格预审结束后，招标人应当及时向所有资格预审申请人发出资格预审结果通知书。未通过资格预审的申请人不具有投标资格。

23. 通过资格预审的申请人少于 3 个时如何处理？

答：根据《条例》第十九条的规定，通过资格预审的申请人少于 3 个的，应当重新招标。

24. 如果招标人采用资格后审办法，如何对投标人进行资格审查？

答：资格审查分为资格预审和资格后审。资格预审，是指在投标前对潜在投标人进行的资格审查。资格后审，是指在开标后对投标人进行的资格审查。进行资格预审的，一般不再进行资格后审，但招标文件另有规定的除外。

根据《条例》第二十条规定，招标人采用资格后审办法对投标人进行资格审查的，应当在开标后由评标委员会按照招标文件规定的标准和方法对投标人的资格进行审查。

25. 招标人对已发出的资格预审文件或者招标文件可否进行澄清或者修改？

答：《招标投标法》第二十三条规定：招标人对已发出的招标文件进行必要的澄清或者修改的，应当在招标文件要求提交投标文件截止时间至少十五日前，以书面形式通知所有招标文件收受人。该澄清或者修改的内容为招标文件的组成部分。

为了使上述条款具有可操作性，避免引发争议，《条例》第二十一条则进一步明确，招标人可以对已发出的资格预审文件或者招标文件进行必要的澄清或者修改。澄清或者修改的内容可能影响资格预审申请文件或者投标文件编制的，招标人应当在提交资格预审申请文件截止时间至少 3 日前，或者投标截止时间至少 15 日前，以书面形式通知所有获取资格预审文件或者招标文件的潜在投标人；不足 3 日或者 15 日的，招标人应当顺延提交资格预审申请文件或者投标文件的截止时间。

允许招标人对招标文件作必要的修改，不仅可以保障招标人的权益，也有利于保证招标项目的顺利进行。允许招标人对已发出的招标文件在遵守法定条件的前提下可作必要的澄清或修改，也是国际上通行的作法，联合国贸易法委员会制定的《采购示范法》、《世界银行信贷采购指南》、《亚洲开发银行贷款采购准则》等也都有类似的规定。

招标人对于已发出的资格预审文件或者招标文件所进行的澄清或者修改的内容均视为资格预审文件或者招标文件的组成部分，与已发出的资格预审文件或者招标文件具有同等的效力。

26. 潜在投标人或者其他利害关系人对资格预审文件有异议时应当如何处理？

答：所谓“潜在投标人”，是指知悉招标人公布的招标项目的有关条件和要求，有可能愿意参加投标竞争的供应商或承包商。《条例》第二十二条规定，潜在投标人或者其他利害关系人对资格预审文件有异议的，应当在提交资格预审申请文件截止时间2日前提出；对招标文件有异议的，应当在投标截止时间10日前提出。招标人应当自收到异议之日起3日内作出答复；作出答复前，应当暂停招标投标活动。

27. 招标人编制的资格预审文件、招标文件的内容违法或侵害社会公共利益时如何处理？

答：《条例》第二十三条规定，招标人编制的资格预审文件、招标文件的内容违反法律、行政法规的强制性规定，违反公开、公平、公正和诚实信用原则，影响资格预审结果或者潜在投标人投标的，依法必须进行招标的项目的招标人应当在修改资格预审文件或者招标文件后重新招标。

28. 招标人如确需对招标项目划分标段时应注意哪些事项？

答：招标项目需要划分标段、确定工期的，招标人应当合理划分标段、确定工期，并在招标文件中载明。

《条例》第二十四条规定，招标人对招标项目划分标段的，应当遵守招标投标法的有关规定，不得利用划分标段限制或者排斥潜在投标人。依法必须进行招标的项目的招标人不得利用划分标段规避招标。

29. 如何起算投标有效期？

答：“投标有效期”是指招标文件规定的投标文件有效期。通常招标文件应该规定一个适当的投标有效期，以保证招标人有足够的时间完成评标和与中标人签订合同。

投标有效期是招标人对投标人发出的要约作出承诺的期限。也可以理解为投标人为自己发出的投标文件承担法律责任的期限。按照《中华人民共和国合同法》的有关规定，作为要约人的投标人提交的投标文件属于要约。要约通过开标生效后，投标人就不能再行撤回。一旦作为受要约人的招标人作出承诺，并送达要约人，合同即告成立，要约人不得拒绝。在投标有效期截止前，投标人必须对自己提交的投标文件承担相应法律责任。

投标有效期的作用不仅如此。它一方面起到了约束投标人在投标有效期内不能随意更改和撤回投标的作用；另一方面也促使招标人加快评标、定标和签约过程，从而保证投标人的投标不至于由于招标人无限期拖延而增加投标人的风险。因为投标人的报价考虑了一定时期内的物价波动风险，一旦超过投标人考虑的时间段，风险将大大增加。投标有效期对招标人和投标人双方都起到了保护和约束的双重作用。

根据《条例》第二十五条的规定，招标人应当在招标文件中载明投标有效期。投标有效期从提交投标文件的截止之日起算。

30. 投标保证金是否有限额？

答：所谓“投标保证金”，是指投标人按照招标文件的要求向招标人提交的、以一定金额表示的投标责任担保，投标人保证其投标被接受后对其投标书中规定的责任不得撤销或者反悔。否则，招标人将对投标保证金予以没收。根据《条例》第二十六条的规定，招标人在招标文件中要求投标人提交投标保证金的，投标保证金不得超过招标项目估算价的2%，这也与国内外通行的做法基本一致。

31. 投标保证金的有效期如何计算？

答：根据《条例》第二十六条的规定，投标保证金有效期应当与投标有效期一致。

32. 境内投标单位提交投标保证金时有何特殊转账要求？

答：根据《人民币银行结算帐户管理办法》（中国人民银行［2003］第5号令）的规定，存款人以单位名称开立的银行结算账户为单位银行结算账户。单位银行结算账户按用途分为基本存款账户、一般存款账户、专用存款账户、临时存款账户：

（一）基本存款账户是存款人因办理日常转账结算和现金收付需要开立的

银行结算账户。《中华人民共和国商业银行法》第四十八条规定："企业事业单位可以自主选择一家商业银行的营业场所开立一个办理日常转账结算和现金收付的基本账户，不得开立两个以上基本账户"；

（二）一般存款账户是存款人因借款或其它结算需要，在基本存款账户开户银行以外的银行营业机构开立的银行结算账户；

（三）专用存款账户是存款人按照法律、行政法规和规章，对其特定用途资金进行专项管理和使用而开立的银行结算账户；

（四）临时存款账户是存款人因临时需要并在规定期限内使用而开立的银行结算账户。

依法必须进行招标的项目的境内投标单位，以现金或者支票形式提交的投标保证金应当从其基本账户转出。

33. 招标人是否可以使用投标人提交的投标保证金？

答：《条例》第二十六条规定，招标人不得挪用投标保证金。

对于未中标投标人的投标保证金，应当在发出中标通知书后尽快退还给投标人。

34. 招标人是否必须编制标底？

答："标底"即招标项目的底价，是招标人购买工程、货物、服务的预算。根据《条例》第二十七条的规定，招标人可以自行决定是否编制标底。

35. 一个招标项目可以有几个标底？

答：根据《条例》第二十七条的规定，一个招标项目只能有一个标底。

36. 招标人和接受委托编制标底的中介机构对标底是否有保密义务？

答：根据《条例》第二十七条的规定，招标人和接受委托编制标底的中介机构对标底均应承担保密义务。接受委托编制标底的中介机构不得参加受托编制标底项目的投标，也不得为该项目的投标人编制投标文件或者提供咨询。

37. 招标人是否可以设定最高投标限价？

答：可以。最高投标限价的目的是控制投标价格。超过最高投标限价的投标将做为废标处理，主要是防止发生围标时人为抬高中标价格。实践中往往要求招标人设定最高投标限价要有造价部门出具的预算书。

"围标"也称为串通招标投标，它是指几个投标人之间相互约定，一致抬高或压低投标报价进行投标，通过限制竞争，排挤其他投标人，使某个利益相关者中标，从而谋取利益的手段和行为。围标行为的发起者称为“围标人”，参与围标行为的投标人称为“陪标人”。围标是不成熟的招标投标市场发展到一定阶段所产生的违法现象。

根据《条例》第二十七条的规定，招标人设有最高投标限价的，应当在招标文件中明确最高投标限价或者最高投标限价的计算方法。

38. 招标人是否可以设定最低投标限价？

答：根据《条例》第二十七条的规定，招标人不得规定最低投标限价。

39. 招标人是否可以组织单个或者部分潜在投标人踏勘项目现场？

答：踏勘，即实地勘察。对招标的工程建设项目进行现场踏勘可以使投标人了解项目实施场地和周围环境情况，以获取有用的信息并据此做出关于投标策略和投标报价的决定。投标人在拿到招标文件后对项目实施现场进行勘察，还可以针对招标文件中的有关规定和数据通过现场勘察进行详细的核对，询问招标人，以使投标文件更加符合招标文件的要求。

《招标投标法》第二十一条规定了招标人根据招标项目的具体情况，可以组织潜在投标人踏勘项目现场。为了确保公平，《条例》第二十八条特别规定了招标人不得组织单个或者部分潜在投标人踏勘项目现场。

40. 招标人是否可以对工程以及与工程建设有关的货物、服务实行总承包招标？

答：根据《条例》第二十九条的规定，招标人可以依法对工程以及与工程建设有关的货物、服务全部或者部分实行总承包招标。以暂估价形式包括在总承包范围内的工程、货物、服务属于依法必须进行招标的项目范围且达到国家规定规模标准的，应当依法进行招标。

上述“暂估价”是指总承包招标时不能确定价格而由招标人在招标文件中暂时估定的工程、货物、服务的金额。

41. 对技术复杂或者无法精确拟定技术规格的项目可否分阶段进行招标？

答：根据《条例》第三十条的规定，对技术复杂或者无法精确拟定技术规格的项目，招标人可以分两阶段进行招标：

第一阶段，投标人按照招标公告或者投标邀请书的要求提交不带报价的技术建议，招标人根据投标人提交的技术建议确定技术标准和要求，编制招标文件。

第二阶段，招标人向在第一阶段提交技术建议的投标人提供招标文件，投标人按照招标文件的要求提交包括最终技术方案和投标报价的投标文件。

需要注意的是，招标人要求投标人提交投标保证金的，应当在第二阶段提出。

42. 招标人是否可以终止招标？应当如何进行善后工作？

答：招标人有权决定终止招标。根据《条例》第三十一条的规定，招标人终止招标的，应当及时发布公告，或者以书面形式通知被邀请的或者已经获取资格预审文件、招标文件的潜在投标人。已经发售资格预审文件、招标文件或者已经收取投标保证金的，招标人应当及时退还所收取的资格预审文件、招标文件的费用，以及所收取的投标保证金及银行同期存款利息。

43. 如何认定“以不合理条件限制、排斥潜在投标人或者投标人”的行为？

答：《条例》第三十二条规定，招标人不得以不合理的条件限制、排斥潜在投标人或者投标人。

招标人有下列行为之一的，可以认定为“以不合理条件限制、排斥潜在投标人或者投标人”：

（一）就同一招标项目向潜在投标人或者投标人提供有差别的项目信息；

（二）设定的资格、技术、商务条件与招标项目的具体特点和实际需要不相适应或者与合同履行无关；

（三）依法必须进行招标的项目以特定行政区域或者特定行业的业绩、奖项作为加分条件或者中标条件；

（四）对潜在投标人或者投标人采取不同的资格审查或者评标标准；

（五）限定或者指定特定的专利、商标、品牌、原产地或者供应商；

（六）依法必须进行招标的项目非法限定潜在投标人或者投标人的所有制形式或者组织形式；

（七）以其他不合理条件限制、排斥潜在投标人或者投标人。

第三章 投 标

44. 投标人可否跨地区投标？

答：根据《条例》第三十三条的规定，投标人参加依法必须进行招标的项目的投标，不受地区或者部门的限制，任何单位和个人不得非法干涉。

45. 不得参加投标的主体有哪些？

答：根据《条例》第三十四条的规定，与招标人存在利害关系可能影响招标公正性的法人、其他组织或者个人，不得参加投标。单位负责人为同一人或者存在控股、管理关系的不同单位，不得参加同一标段投标或者未划分标段的同一招标项目投标。

违反上述规定的，相关投标均按无效处理。

46. 投标人是否可以撤回投标文件？

答：投标人可以撤回投标文件。投标人在招标文件要求提交投标文件的截止时间前，可以补充、修改或者撤回已提交的投标文件，并书面通知招标人。

根据《条例》第三十五条的规定，投标人撤回已提交的投标文件，应当在投标截止时间前书面通知招标人。招标人已收取投标保证金的，应当自收到投标人书面撤回通知之日起5日内退还。

投标截止后投标人撤销投标文件的，招标人可以不退还投标保证金。

47. 招标人何种情形下应当拒收投标文件？

答：根据《条例》第三十六条的规定，未通过资格预审的申请人提交的投标文件，以及逾期送达或者不按照招标文件要求密封的投标文件，招标人应当拒收。

招标人应当如实记载投标文件的送达时间和密封情况，并存档备查。

48. 招标人应当通过哪些途径告知潜在投标人是否接受联合体投标？

答：两个以上法人或者其他组织可以组成一个联合体，以一个投标人的身份共同投标。

联合体各方均应当具备承担招标项目的相应能力；国家有关规定或者招标文件对投标人资格条件有规定的，联合体各方均应当具备规定的相应资格条件。由同一专业的单位组成的联合体，按照资质等级较低的单位确定资质等级。

联合体各方应当签订共同投标协议，明确约定各方拟承担的工作和责任，并将共同投标协议连同投标文件一并提交招标人。联合体中标的，联合体各方应当共同与招标人签订合同，就中标项目向招标人承担连带责任。

招标人不得强制投标人组成联合体共同投标，不得限制投标人之间的竞争。根据《条例》第三十七条的规定，招标人应当在资格预审公告、招标公告或者投标邀请书中载明是否接受联合体投标。

49. 招标人接受联合体投标并进行资格预审的，联合体应当在何时组成？

答：根据《条例》第三十七条的规定，招标人接受联合体投标并进行资格预审的，联合体应当在提交资格预审申请文件前组成。

联合体应当保持连续性。资格预审后联合体增减、更换成员的，其投标无效。

50. 联合体各方可否在同一招标项目中以自己名义单独投标或者参加其他联合体投标？

答：根据《条例》第三十七条的规定，联合体各方在同一招标项目中以自己名义单独投标或者参加其他联合体投标的，相关投标均无效。

51. 投标人投标后发生合并、分立、破产等重大变化时怎么办？

答：“合并”是指两家以上的企业根据合同约定及法律规定归并为一个企业的行为。合并包括“吸收合并”和“新设合并”两种形式：前者是指在两个以上的企业合并中，其中一个企业吸收了其他企业的合并形式；后者是指两个或两个以上的企业通过合并创建了一个新的企业。

“分立”是指一个企业依照有关法律、法规的规定，分立为两个或两个以上的企业的法律行为。

“破产”是指当债务人的全部资产无法清偿到期债务时，债权人通过一定法律程序将债务人的全部资产供其平均受偿，从而使债务人免除不能清偿的其他债务。

根据《条例》第三十八条的规定，投标人发生合并、分立、破产等重大变化的，应当及时书面告知招标人。投标人不再具备资格预审文件、招标文件规定的资格条件或者其投标影响招标公正性的，其投标无效。

52. 如何认定“属于投标人相互串通投标”的行为?

答: 我国法律禁止投标人相互串通投标。投标人不得相互串通投标报价,不得排挤其他投标人的公平竞争,损害招标人或者其他投标人的合法权益。

根据《条例》第三十九条的规定,有下列情形之一的,属于投标人相互串通投标:

(一)投标人之间协商投标报价等投标文件的实质性内容;

(二)投标人之间约定中标人;

(三)投标人之间约定部分投标人放弃投标或者中标;

(四)属于同一集团、协会、商会等组织成员的投标人按照该组织要求协同投标;

(五)投标人之间为谋取中标或者排斥特定投标人而采取的其他联合行动。

53. 如何认定“视为投标人相互串通投标”的行为?

答: 根据《条例》第四十条的规定,有下列情形之一的,视为投标人相互串通投标:

(一)不同投标人的投标文件由同一单位或者个人编制;

(二)不同投标人委托同一单位或者个人办理投标事宜;

(三)不同投标人的投标文件载明的项目管理成员为同一人;

(四)不同投标人的投标文件异常一致或者投标报价呈规律性差异;

(五)不同投标人的投标文件相互混装;

(六)不同投标人的投标保证金从同一单位或者个人的账户转出。

54. 如何认定“属于招标人与投标人相互串通投标”的行为?

答: 我国法律禁止招标人与投标人相互串通投标损害国家利益、社会公共利益或者他人的合法权益。

根据《条例》第四十一条的规定,有下列情形之一的,属于招标人与投标人串通投标:

(一)招标人在开标前开启投标文件并将有关信息泄露给其他投标人;

(二)招标人直接或者间接向投标人泄露标底、评标委员会成员等信息;

(三)招标人明示或者暗示投标人压低或者抬高投标报价;

(四)招标人授意投标人撤换、修改投标文件;

(五)招标人明示或者暗示投标人为特定投标人中标提供方便;

（六）招标人与投标人为谋求特定投标人中标而采取的其他串通行为。

55. 如何认定“以他人名义投标”?

答:《招标投标法》第三十三条规定：投标人不得以低于成本的报价竞标，也不得以他人名义投标或者以其他方式弄虚作假，骗取中标。

禁止投标人以低于其自身完成投标项目所需的成本的报价进行投标竞争，其主要目的有二：一是为了避免出现投标人在以低于成本的报价中标后，再以粗制滥造、偷工减料等违法手段不正当地降低成本，挽回其低价中标的损失，给工程质量造成危害；二是为了维护正常的投标竞争秩序，防止产生投标人以低于其成本的报价进行不正当竞争，损害其他以合理报价进行竞争的投标人的利益。

根据《条例》第四十二条的规定，使用通过受让或者租借等方式获取的资格、资质证书投标的，可以认定属于《招标投标法》第三十三条规定的“以他人名义投标“。

56. 如何认定《招标投标法》第三十三条规定的“以其他方式弄虚作假的行为”?

答:《招标投标法》第三十三条规定，投标人不得以低于成本的报价竞标，也不得以他人名义投标或者以其他方式弄虚作假，骗取中标。

《条例》第四十二条对“以其他方式弄虚作假的行为”进行了列举：

（一）使用伪造、变造的许可证件；

（二）提供虚假的财务状况或者业绩；

（三）提供虚假的项目负责人或者主要技术人员简历、劳动关系证明；

（四）提供虚假的信用状况；

（五）其他弄虚作假的行为。

有上列情形之一的，即构成《招标投标法》第三十三条规定的“以其他方式弄虚作假的行为”。

57.《招标投标法》和《条例》对提交资格预审申请文件的申请人是否同时适用?

答:根据《条例》第四十三条的规定，提交资格预审申请文件的申请人应当同时遵守《招标投标法》和《条例》有关投标人的规定。

第四章 开标、评标和中标

58. 开标的时间和地点有何要求？

答：“开标”是指招标单位在规定的时间、地点，在邀请所有投标人出席的情况下，当众公开拆开投标资料（包括投标函件），宣布投标人（或单位）的名称、投标价格以及投标价格的修改的过程。

根据《条例》第四十四条的规定，招标人应当按照招标文件规定的时间、地点开标。

59. 投标人少于3个时是否可以开标？

答：根据《条例》第四十四条的规定，投标人少于3个的，不得开标；招标人应当重新招标。

投标截止期满后投标人少于3个时，不能保证必要的竞争程度，招标人应当依照《招标投标法》和《条例》重新招标。“投标人少于3个”是指投标人只有2个、1个或者没有的情况，不包括3个本数。

60. 投标人对开标有异议时如何处理？

答：根据《条例》第四十四条的规定，投标人对开标有异议的，应当在开标现场提出，招标人应当当场作出答复，并制作记录。

61. 评标专家专业分类标准和管理办法由哪个部门制定？

答：《条例》第四十五条规定，国家实行统一的评标专家专业分类标准和管理办法。具体标准和办法由国务院发展改革部门会同国务院有关部门制定。省级人民政府和国务院有关部门应当组建综合评标专家库。

62. 如何选取评标委员会的专家成员？

答：《招标投标法》第三十七条规定：评标由招标人依法组建的评标委员会负责。

依法必须进行招标的项目，其评标委员会由招标人的代表和有关技术、经济等方面的专家组成，成员人数为五人以上单数，其中技术、经济等方面的专家不得少于成员总数的三分之二。

专家应当从事相关领域工作满八年并具有高级职称或者具有同等专业水平，由招标人从国务院有关部门或者省、自治区、直辖市人民政府有关部门提供的专家名册或者招标代理机构的专家库内的相关专业的专家名单中确定；一般招标项目可以采取随机抽取方式，特殊招标项目可以由招标人直接确定。

与投标人有利害关系的人不得进入相关项目的评标委员会，已经进入的应当更换。

评标委员会成员的名单在中标结果确定前应当保密。

根据《条例》第四十六条的规定，除《招标投标法》第三十七条第三款规定的特殊招标项目外，依法必须进行招标的项目，其评标委员会的专家成员应当从评标专家库内相关专业的专家名单中以随机抽取方式确定。任何单位和个人不得以明示、暗示等任何方式指定或者变相指定参加评标委员会的专家成员。

依法必须进行招标的项目的招标人非因《招标投标法》和《条例》规定的事由，不得更换依法确定的评标委员会成员。更换评标委员会的专家成员应当依照前款规定进行。

评标委员会成员与投标人有利害关系的，应当主动回避。

有关行政监督部门应当按照规定的职责分工，对评标委员会成员的确定方式、评标专家的抽取和评标活动进行监督。行政监督部门的工作人员不得担任本部门负责监督项目的评标委员会成员。

63. 什么是《招标投标法》第三十七条第三款所称的“特殊招标项目”？

答：《招标投标法》第三十七条规定：“评标由招标人依法组建的评标委员会负责。依法必须进行招标的项目，其评标委员会由招标人的代表和有关技术、经济等方面的专家组成，成员人数为五人以上单数，其中技术、经济等方面的专家不得少于成员总数的三分之二。前款专家应当从事相关领域工作满八年并具有高级职称或者具有同等专业水平，由招标人从国务院有关部门或者省、自治区、直辖市人民政府有关部门提供的专家名册或者招标代理机构的专家库内的相关专业的专家名单中确定；一般招标项目可以采取随机抽取方式，特殊招标项目可以由招标人直接确定。与投标人有利害关系的人不得进入相关项目的评标委员会；已经进入的应当更换。评标委员会成员的名单在中标结果确定前应当保密”。

根据《条例》第四十七条的规定，招标投标法第三十七条第三款所称特殊招标项目，是指技术复杂、专业性强或者国家有特殊要求，采取随机抽取方式确定的专家难以保证胜任评标工作的项目。

64. 招标人向评标委员会提供评标信息时是否可以表示其倾向或者排斥特定投标人？

答：根据《条例》第四十八条的规定，招标人应当向评标委员会提供评标所必需的信息，但不得明示或者暗示其倾向或者排斥特定投标人。

65. 评标委员会成员认为评标时间不足时如何处理？

答：根据《条例》第四十八条的规定，招标人应当根据项目规模和技术复杂程度等因素合理确定评标时间。超过三分之一的评标委员会成员认为评标时间不够的，招标人应当适当延长。

66. 评标过程中，评标委员会成员因故不能继续评标时如何处理？

答：根据《条例》第四十八条的规定，评标过程中，评标委员会成员有回避事由、擅离职守或者因健康等原因不能继续评标的，应当及时更换。被更换的评标委员会成员作出的评审结论无效，由更换后的评标委员会成员重新进行评审。

67. 评标委员会成员提出评审意见的依据是什么？

答：根据《条例》第四十九条的规定，评标委员会成员应当依照《招标投标法》和《条例》的规定，按照招标文件规定的评标标准和方法，客观、公正地对投标文件提出评审意见。招标文件没有规定的评标标准和方法不得作为评标的依据。

《招标投标法》第四十条第一款规定，评标委员会应当按照招标文件确定的评标标准和方法，对投标文件进行评审和比较；设有标底的，应当参考标底。

为保证招标投标活动符合公开、公平和公正的原则，评标委员会对各投标竞争者提交的投标文件进行评审、比较的唯一标准和评审方法，只能是在事先已提供给每一个投标人的招标文件中载明的评标标准和方法。招标人或评标委员会都不能在评标过程中对评标标准和方法加以修改。招标文件以外的评标标准和方法不能作为评标的依据。

68. 评标委员会成员应当遵守哪些纪律？

答：评标委员会成员应当客观、公正地履行职务，遵守职业道德，对所提出的评审意见承担个人责任。评标委员会成员和参与评标的有关工作人员不得透露对投标文件的评审和比较、中标候选人的推荐情况以及与评标有关的其他情况。

根据《条例》第四十九条的规定，评标委员会成员不得私下接触投标人，不得收受投标人给予的财物或者其他好处，不得向招标人征询确定中标人的意向，不得接受任何单位或者个人明示或者暗示提出的倾向或者排斥特定投标人的要求，不得有其他不客观、不公正履行职务的行为。

69. 招标项目设有标底的，招标人应当在何时公布？

答：根据《条例》第五十条的规定，招标项目设有标底的，招标人应当在开标时公布。

70. 标底是否是评标的唯一依据？

答：根据《条例》第五十条的规定，标底只能作为评标的参考，不得以投标报价是否接近标底作为中标条件，也不得以投标报价超过标底上下浮动范围作为否决投标的条件。

71. 出现哪些情形时，评标委员会应当否决其投标？

答：根据《条例》第五十一条的规定，有下列情形之一的，评标委员会应当否决其投标：

（一）投标文件未经投标单位盖章和单位负责人签字；

（二）投标联合体没有提交共同投标协议；

（三）投标人不符合国家或者招标文件规定的资格条件；

（四）同一投标人提交两个以上不同的投标文件或者投标报价，但招标文件要求提交备选投标的除外；

（五）投标报价低于成本或者高于招标文件设定的最高投标限价；

（六）投标文件没有对招标文件的实质性要求和条件作出响应；

（七）投标人有串通投标、弄虚作假、行贿等违法行为。

72. 评标委员会认为需要投标人对投标文件作出必要澄清、说明时应当采用何种方式通知投标人？

答：根据《条例》第五十二条的规定，投标文件中有含义不明确的内容、明显文字或者计算错误，评标委员会认为需要投标人作出必要澄清、说明的，应当书面通知该投标人。

73. 投标人对投标文件作出必要澄清、说明时应当采用何种方式？

答：《条例》第五十二条规定：投标人的澄清、说明应当采用书面形式。

74. 投标人对投标文件作出必要澄清、说明时是否可以超出投标文件的范围或者改变投标文件的实质性内容？

答：根据《招标投标法》第三十九条和《条例》第五十二条的规定，评标委员会可以要求投标人对投标文件中含义不明确的内容作必要的澄清或者说明，投标人对投标文件作出必要澄清、说明时，不得超出投标文件的范围或者改变投标文件的实质性内容。

75. 评标委员会是否可以接受投标人主动提出的澄清或说明？

答：根据《条例》第五十二条的规定，评标委员会不得暗示或者诱导投标人作出澄清、说明，也不得接受投标人主动提出的澄清、说明。

76. 评标完成后，评标委员会如何向招标人提交评审结论？

答：根据《条例》第五十三条的规定，评标完成后，评标委员会应当向招标人提交书面评标报告和中标候选人名单。中标候选人应当不超过3个，并标明排序。

上述“评标报告”是指评审阶段的综合性结论报告。评标报告的内容应对评标情况（包括评标委员会组成及评标委员会人员名单、评标工作的依据）作出说明，并提出推荐中标候选人的意见。评标委员会经过认真的评选之后，应向招标人推荐符合中标条件的中标候选人。

招标人根据评标委员会提出的书面评标报告和推荐的中标候选人确定中标人。由招标人以评标委员会提供的评标报告为依据，对评标委员会推荐的中标候选人进行比较，从中确定中标人。招标人也可以授权评标委员会直接确定中标人，即招标人将确定中标人的权利交给评标委员会，委托评标委员会根据评标结果直接确定一名符合要求的投标人中标。

77. 评标委员会成员对评标结果有不同意见时如何处理？

答：根据《条例》第五十三条的规定，评标报告应当由评标委员会全体成员签字。对评标结果有不同意见的评标委员会成员应当以书面形式说明其不同意见和理由，评标报告应当注明该不同意见。

78. 评标委员会成员拒绝在评标报告上签字又不书面说明其不同意见和理由时如何处理?

答: 根据《条例》第五十三条的规定，评标委员会成员拒绝在评标报告上签字又不书面说明其不同意见和理由的，视为同意评标结果。

79. 依法必须进行招标的项目公示中标候选人时有何注意事项?

答: 根据《条例》第五十四条的规定，依法必须进行招标的项目，招标人应当自收到评标报告之日起 3 日内公示中标候选人，公示期不得少于 3 日。

投标人或者其他利害关系人对依法必须进行招标的项目的评标结果有异议的，应当在中标候选人公示期间提出。招标人应当自收到异议之日起 3 日内作出答复；作出答复前，应当暂停招标投标活动。

80. 国有资金占控股或者主导地位的依法必须进行招标的项目，招标人应当如何确定中标人?

答: 根据《条例》第五十五条的规定，国有资金占控股或者主导地位的依法必须进行招标的项目，招标人应当确定排名第一的中标候选人为中标人。排名第一的中标候选人放弃中标、因不可抗力不能履行合同、不按照招标文件要求提交履约保证金，或者被查实存在影响中标结果的违法行为等情形，不符合中标条件的，招标人可以按照评标委员会提出的中标候选人名单排序依次确定其他中标候选人为中标人，也可以重新招标。

81. 中标候选人的经营、财务状况发生较大变化或者存在违法行为时如何处理?

答: 根据《条例》第五十六条的规定，中标候选人的经营、财务状况发生较大变化或者存在违法行为，招标人认为可能影响其履约能力的，应当在发出中标通知书前由原评标委员会按照招标文件规定的标准和方法审查确认。

82. 招标人和中标人签订书面合同时是否可以修改招标文件和中标人的投标文件的内容?

答: 我国《合同法》第三十二条规定：“当事人采用合同书形式订立合同的，自双方当事人签字或者盖章时合同成立”。依照《招标投标法》和《条例》的规定，招标人编制的招标文件中也必须有拟签订合同的主要条款，而中标人的投标文件也应对招标文件的实质性要求和条件作出响应，招标文件中一般也会对订立合同书的问题作出规定；也就是说，在投标人发出的要约中已经包含中标后订立书面合同的内容。

《招标投标法》第四十六条规定了招标人和中标人应当自中标通知书发出之日起三十日内，按照招标文件和中标人的投标文件订立书面合同。招标人和中标人不得再行订立背离合同实质性内容的其他协议。为了有效遏制“黑白合同”，《条例》第五十七条进一步明确了合同的“标的”、“价款”、“质量”、“履行期限”等条款为合同的实质性内容，签订的书面合同必须与招标文件和中标人的投标文件的内容一致。招标人和中标人不得再行订立背离合同实质性内容的其他协议。

83. 招标人最迟应当何时向中标人和未中标的投标人退还投标保证金？

答：根据《条例》第五十七条的规定，招标人最迟应当在书面合同签订后5日内向中标人和未中标的投标人退还投标保证金及银行同期存款利息。

84. 履约保证金是否有限额？

答：“履约保证金”是指招标人要求投标人在接到中标通知后，提交的保证履行合同各项义务的担保。招标文件要求中标人提交履约保证金的，中标人应当提交。

根据《条例》第五十八条的规定，招标文件要求中标人提交履约保证金的，中标人应当按照招标文件的要求提交。履约保证金不得超过中标合同金额的10%。

85. 中标人是否可以向他人转让中标项目？

答：根据《条例》第五十九条的规定，中标人应当按照合同约定履行义务，完成中标项目。中标人不得向他人转让中标项目，也不得将中标项目肢解后分别向他人转让。

中标人按照合同约定或者经招标人同意，可以将中标项目的部分非主体、非关键性工作分包给他人完成。接受分包的人应当具备相应的资格条件，并不得再次分包。

中标人应当就分包项目向招标人负责，接受分包的人就分包项目承担连带责任。

《中华人民共和国建筑法》、《中华人民共和国合同法》和《招标投标法》也均有相应的规定：

（一）《中华人民共和国建筑法》第二十九条规定：建筑工程总承包单位

可以将承包工程中的部分工程发包给具有相应资质条件的分包单位；但是，除总承包合同中约定的分包外，必须经建设单位认可。施工总承包的，建筑工程主体结构的施工必须由总承包单位自行完成。建筑工程总承包单位按照总承包合同的约定对建设单位负责；分包单位按照分包合同的约定对总承包单位负责。总承包单位和分包单位就分包工程对建设单位承担连带责任。禁止总承包单位将工程分包给不具备相应资质条件的单位。禁止分包单位将其承包的工程再分包。

（二）《中华人民共和国合同法》第二百七十二条规定：总承包人或者勘察、设计、施工承包人经发包人同意，可以将其承包的部分工作交由第三人完成。第三人就其完成的工作成果与总承包人或者勘察、设计、施工承包人向发包人承担连带责任。

（三）《招标投标法》第四十八条规定：中标人应当按照合同约定履行义务，完成中标项目。中标人不得向他人转让中标项目，也不得将中标项目肢解后分别向他人转让。

第五章 投诉与处理

86. 投标人或者其他利害关系人认为招标投标活动违法时怎么办？

答：实践证明，投标人或者其他利害关系人认为招标投标活动违法时，在专业律师的帮助下依法向招标人提出异议或者向有关行政监督部门进行投诉往往是解决问题的最佳途径。当然，投标人或者其他利害关系人也可以通过向人民法院提起诉讼的方式，以司法途径解决因招标投标活动违法而导致的争议。

《招标投标法》第六十五条规定：投标人和其他利害关系人认为招标投标活动不符合本法有关规定的，有权向招标人提出异议或者依法向有关行政监督部门投诉。为增强可操作性，《条例》第六十条则进一步规定，投标人或者其他利害关系人认为招标投标活动不符合法律、行政法规规定的，可以自知道或者应当知道之日起10日内向有关行政监督部门投诉。投诉应当有明确的请求和必要的证明材料。

投标人和其他利害关系人就以下事项投诉的，应当先向招标人提出异议，异议答复期间不计算在前款规定的期限内：

（一）潜在投标人或者其他利害关系人对资格预审文件有异议的，应当在提交资格预审申请文件截止时间2日前提出；对招标文件有异议的，应当在投标截止时间10日前提出。招标人应当自收到异议之日起3日内作出答复；作出答复前，应当暂停招标投标活动（《条例》第二十二条）；

（二）投标人对开标有异议的，应当在开标现场提出，招标人应当当场作出答复，并制作记录（《条例》第四十四条第三款）；

（三）投标人或者其他利害关系人对依法必须进行招标的项目的评标结果有异议的，应当在中标候选人公示期间提出。招标人应当自收到异议之日起3日内作出答复；作出答复前，应当暂停招标投标活动（《条例》第五十四条第二款）。

87. 投诉人就同一事项向两个以上有权受理的行政监督部门投诉时如何处理？

答：根据《条例》第六十一条的规定，投诉人就同一事项向两个以上有权受理的行政监督部门投诉的，由最先收到投诉的行政监督部门负责处理。

88. 对于投诉的处理时限有何要求？

答：根据《条例》第六十一条的规定，行政监督部门应当自收到投诉之日起3个工作日内决定是否受理投诉，并自受理投诉之日起30个工作日内作出书面处理决定；需要检验、检测、鉴定、专家评审的，所需时间不计算在内。

89. 投诉人捏造事实、伪造材料或者以非法手段取得证明材料进行投诉的如何处理？

答：根据《条例》第六十一条的规定，如果行政监督部门查明投诉人是捏造事实、伪造材料或者以非法手段取得证明材料进行投诉的，应当予以驳回。

90. 行政监督部门在处理投诉时有哪些权力？

答：根据《条例》第六十二条的规定，行政监督部门处理投诉时，有权查阅、复制有关文件、资料，调查有关情况，相关单位和人员应当予以配合。必要时，行政监督部门可以责令暂停招标投标活动。

91. 行政监督部门在监督检查过程中是否有保密义务？

答：根据《条例》第六十二条的规定，行政监督部门的工作人员对监督检查过程中知悉的国家秘密、商业秘密，应当依法予以保密。

第六章 法律责任

92. 依法应当公开招标的项目不按照规定在指定媒介发布资格预审公告或者招标公告时如何处罚?

答: 根据《条例》第六十三条的规定，依法应当公开招标的项目不按照规定在指定媒介发布资格预审公告或者招标公告属于招标人限制或者排斥潜在投标人的行为，应由有关行政监督部门依照《招标投标法》第五十一条的规定处罚，责令招标人改正，可以处一万元以上五万元以下的罚款。

93. 招标人在不同媒介发布的同一招标项目的资格预审公告或者招标公告的内容不一致，影响潜在投标人申请资格预审或者投标时如何处罚?

答: 根据《条例》第六十三条的规定，招标人在不同媒介发布的同一招标项目的资格预审公告或者招标公告的内容不一致，影响潜在投标人申请资格预审或者投标属于限制或者排斥潜在投标人的行为，应由有关行政监督部门依照《招标投标法》第五十一条的规定处罚，责令招标人改正，可以处一万元以上五万元以下的罚款。

94. 依法必须进行招标的项目的招标人不按照规定发布资格预审公告或者招标公告，构成规避招标时如何处罚?

答: 根据《条例》第六十三条的规定，依法必须进行招标的项目的招标人不按照规定发布资格预审公告或者招标公告的行为构成规避招标，应由有关行政监督部门依照《招标投标法》第四十九条的规定处罚，责令招标人限期改正，可以处项目合同金额千分之五以上千分之十以下的罚款；对全部或者部分使用国有资金的项目，可以暂停项目执行或者暂停资金拨付；对招标人单位直接负责的主管人员和其他直接责任人员依法给予处分。

95. 招标人依法应当公开招标而采用邀请招标时如何处罚?

答: 根据《条例》第六十四条的规定，招标人依法应当公开招标而采用邀请招标时，由有关行政监督部门责令招标人改正，可以处十万元以下的罚款；对招标人单位直接负责的主管人员和其他直接责任人员依法给予处分。

96. 招标人对于招标文件、资格预审文件的发售、澄清、修改的时限或者确定的提交资格预审申请文件、投标文件的时限不符合《招标投标法》和《条例》规定时如何处罚？

答：根据《条例》第六十四条的规定，招标人对于招标文件、资格预审文件的发售、澄清、修改的时限或者确定的提交资格预审申请文件、投标文件的时限不符合《招标投标法》和《条例》规定的，由有关行政监督部门责令招标人改正，可以处十万元以下的罚款。

97. 招标人接受未通过资格预审的单位或者个人参加投标时如何处罚？

答：根据《条例》第六十四条的规定，招标人接受未通过资格预审的单位或者个人参加投标时，由有关行政监督部门责令招标人改正，可以处十万元以下的罚款；对招标人单位直接负责的主管人员和其他直接责任人员依法给予处分。

98. 招标人接受应当拒收的投标文件时如何处罚？

答：根据《条例》第六十四条的规定，招标人接受应当拒收的投标文件时，由有关行政监督部门责令招标人改正，可以处十万元以下的罚款；对招标人单位直接负责的主管人员和其他直接责任人员依法给予处分。

99. 招标代理机构在所代理的招标项目中投标、代理投标或者向该项目投标人提供咨询的如何处罚？

答：根据《条例》第六十五条的规定，招标代理机构在所代理的招标项目中投标、代理投标或者向该项目投标人提供咨询的属于违法行为，应依照《招标投标法》第五十条的规定追究法律责任，处五万元以上二十五万元以下的罚款，对单位直接负责的主管人员和其他直接责任人员处单位罚款数额百分之五以上百分之十以下的罚款；有违法所得的，并处没收违法所得；情节严重的，暂停直至取消招标代理资格；构成犯罪的，依法追究刑事责任。给他人造成损失的，依法承担赔偿责任。

上述所列行为影响中标结果的，中标无效。

100. 接受委托编制标底的中介机构参加受托编制标底项目的投标或者为该项目的投标人编制投标文件、提供咨询的如何处罚？

答：根据《条例》第六十五条的规定，接受委托编制标底的中介机构参加受托编制标底项目的投标或者为该项目的投标人编制投标文件、提供咨询的属于违法行为，应依照《招标投标法》第五十条的规定追究法律责任，处五万元以上二十五万元以下的罚款，对单位直接负责的主管人员和其他直接责任人员处单位罚款数额百分之五以上百分之十以下的罚款；有违法所得的，并处没收违法所得；情节严重的，暂停直至取消招标代理资格；构成犯罪的，依法追究刑事责任。给他人造成损失的，依法承担赔偿责任。

上述所列行为影响中标结果的，中标无效。

101. 招标人超过《条例》规定的比例收取投标保证金、履约保证金或者不按照规定退还投标保证金及银行同期存款利息时如何处罚？

答：根据《条例》第六十六条的规定，招标人超过法律规定的比例收取投标保证金、履约保证金或者不按照规定退还投标保证金及银行同期存款利息的，由有关行政监督部门责令改正，可以处五万元以下的罚款；给他人造成损失的，依法承担赔偿责任。

102. 投标人相互串通投标或者与招标人串通投标时有何法律风险？

答：根据《条例》第六十七条的规定，投标人相互串通投标或者与招标人串通投标的，中标无效；尚不构成犯罪的，依照《招标投标法》第五十三条的规定处罚，处中标项目金额千分之五以上千分之十以下的罚款，对单位直接负责的主管人员和其他直接责任人员处单位罚款数额百分之五以上百分之十以下的罚款；有违法所得的，并处没收违法所得；情节严重的，取消其一年至二年内参加依法必须进行招标的项目的投标资格并予以公告，直至由工商行政管理机关吊销营业执照；构成犯罪的，依法追究刑事责任。给他人造成损失的，依法承担赔偿责任。

投标人有下列行为之一的，属于上述“情节严重”的行为，由有关行政监督部门取消其一年至两年内参加依法必须进行招标的项目的投标资格：

（一）以行贿谋取中标；

（二）三年内两次以上串通投标；

（三）串通投标行为损害招标人、其他投标人或者国家、集体、公民的合法利益，造成直接经济损失三十万元以上；

（四）其他串通投标情节严重的行为。

投标人自上述规定的处罚执行期限届满之日起三年内又有上述所列违法行为之一的，或者串通投标、以行贿谋取中标情节特别严重的，由工商行政管理机关吊销营业执照。

法律、行政法规对串通投标报价行为的处罚另有规定的，从其规定。

投标人未中标的，对单位的罚款金额按照招标项目合同金额依照《招标投标法》规定的比例计算。

我国《刑法》第二百二十三条规定：投标人相互串通投标报价，损害招标人或者其他投标人利益，情节严重的，处三年以下有期徒刑或者拘役，并处或者单处罚金。

投标人与招标人串通投标，损害国家、集体、公民的合法利益的，依照前款的规定处罚。

根据《最高人民检察院、公安部关于公安机关管辖的刑事案件立案追诉标准的规定（二）》第七十六条规定，投标人相互串通投标报价，或者投标人与招标人串通投标，涉嫌下列情形之一的，应予立案追诉：（一）损害招标人、投标人或者国家、集体、公民的合法利益，造成直接经济损失数额在五十万元以上的；（二）违法所得数额在十万元以上的；（三）中标项目金额在二百万元以上的；（四）采取威胁、欺骗或者贿赂等非法手段的；（五）虽未达到上述数额标准，但两年内因串通投标，受过行政处罚二次以上，又串通投标的；（六）其他情节严重的情形。

103. 投标人以他人名义投标或者以其他方式弄虚作假骗取中标时如何处罚？

答：根据《条例》第六十八条的规定，投标人以他人名义投标或者以其他方式弄虚作假骗取中标的，中标无效；构成犯罪的，依法追究刑事责任；尚不构成犯罪的，依照《招标投标法》第五十四条的规定处罚：依法必须进行招标的项目的投标人有上述行为尚未构成犯罪的，处中标项目金额千分之五以上千分之十以下的罚款，对单位直接负责的主管人员和其他直接责任人员处单位罚款数额百分之五以上百分之十以下的罚款；有违法所得的，并处没收违法所得；情节严重的，取消其一年至三年内参加依法必须进行招标的项目的投标资格并予以公告，直至由工商行政管理机关吊销营业执照。

依法必须进行招标的项目的投标人未中标的，对单位的罚款金额按照招标项目合同金额依照《招标投标法》规定的比例计算。

投标人以他人名义投标或者以其他方式弄虚作假骗取中标给招标人造成损失的，还应当依法承担赔偿责任。

104. 《招标投标法》第五十四条规定的“情节严重行为”如何认定？

答：根据《条例》第六十八条的规定，投标人有下列行为之一的，属于

《招标投标法》第五十四条规定的“情节严重行为”，由有关行政监督部门取消其一年至三年内参加依法必须进行招标的项目的投标资格并予以公告，直至由工商行政管理机关吊销营业执照：

（一）伪造、变造资格、资质证书或者其他许可证件骗取中标；

（二）三年内两次以上使用他人名义投标；

（三）弄虚作假骗取中标，给招标人造成直接经济损失三十万元以上；

（四）其他弄虚作假骗取中标情节严重的行为。

投标人自处罚执行期限届满之日起三年内又有上述所列违法行为之一的，或者弄虚作假骗取中标情节特别严重的，由工商行政管理机关吊销营业执照。

105. 出让或者出租资格、资质证书供他人投标如何处罚？

答：根据《条例》第六十九条的规定，出让或者出租资格、资质证书供他人投标的，依照法律、行政法规的规定给予行政处罚；构成犯罪的，依法追究刑事责任。

106. 依法必须进行招标的项目的招标人不按照规定组建评标委员会，或者确定、更换评标委员会成员违反《招标投标法》和《条例》规定时如何处罚？

答：根据《条例》第七十条的规定，依法必须进行招标的项目的招标人不按照规定组建评标委员会，或者确定、更换评标委员会成员违反《招标投标法》和《条例》规定的，由有关行政监督部门责令改正，可以处十万元以下的罚款，对单位直接负责的主管人员和其他直接责任人员依法给予处分；违法确定或者更换的评标委员会成员作出的评审结论无效，依法重新进行评审。

107. 国家工作人员非法干涉选取评标委员会成员时如何处罚？

答：根据《条例》第七十条的规定，国家工作人员利用职务便利，以直接或者间接、明示或者暗示等任何方式非法干涉选取评标委员会成员的，依照《条例》第八十一条的规定追究法律责任，依法给予记过或者记大过处分；情节严重的，依法给予降级或者撤职处分；情节特别严重的，依法给予开除处分；构成犯罪的，依法追究刑事责任。

108. 评标委员会成员应当回避而不回避时如何处罚？

答：按照法律规定，评标委员会成员与评标结果有利害关系时应当主动回避。如果评标委员会成员应当回避而不回避时，根据《条例》第七十一条的规定，应由有关行政监督部门责令改正；情节严重的，禁止其在一定期限内参加依法必须进行招标的项目的评标；情节特别严重的，取消其担任评标委员会成员的资格。

109. 评标委员会成员擅离职守时如何处罚？

答： 评标委员会成员在履行职务期间不得擅离职守。根据《条例》第七十一条的规定，如果评标委员会成员擅离职守，应由有关行政监督部门责令改正；情节严重的，禁止其在一定期限内参加依法必须进行招标的项目的评标；情节特别严重的，取消其担任评标委员会成员的资格。

110. 评标委员会成员不按照招标文件规定的评标标准和方法评标时如何处罚？

答： 评标委员会成员必须按照招标文件规定的评标标准和方法评标。根据《条例》第七十一条的规定，评标委员会成员不按照招标文件规定的评标标准和方法评标，应由有关行政监督部门责令改正；情节严重的，禁止其在一定期限内参加依法必须进行招标的项目的评标；情节特别严重的，取消其担任评标委员会成员的资格。

111. 评标委员会成员私下接触投标人时如何处罚？

答： 评标委员会成员在履行职务期间不得私下接触投标人。根据《条例》第七十一条的规定，如果评标委员会成员私下接触投标人，应由有关行政监督部门责令改正；情节严重的，禁止其在一定期限内参加依法必须进行招标的项目的评标；情节特别严重的，取消其担任评标委员会成员的资格。

112. 评标委员会成员向招标人征询确定中标人的意向或者接受任何单位或者个人明示或者暗示提出的倾向或者排斥特定投标人的要求时如何处罚？

答： 评标委员会成员在履行职务期间不得向招标人征询确定中标人的意向或者接受任何单位或者个人明示或者暗示提出的倾向或者排斥特定投标人的要求。根据《条例》第七十一条的规定，如果评标委员会成员在履行职务期间向招标人征询确定中标人的意向或者接受任何单位或者个人明示或者暗示提出的倾向或者排斥特定投标人的要求，应由有关行政监督部门责令改正；情节严重的，禁止其在一定期限内参加依法必须进行招标的项目的评标；情节特别严重的，取消其担任评标委员会成员的资格。

113. 评标委员会成员对依法应当否决的投标不提出否决意见时如何处罚?

答: 评标委员会成员在履行职务期间对依法应当否决的投标应当提出否决意见。根据《条例》第七十一条的规定，评标委员会成员对依法应当否决的投标不提出否决意见，应由有关行政监督部门责令改正；情节严重的，禁止其在一定期限内参加依法必须进行招标的项目的评标；情节特别严重的，取消其担任评标委员会成员的资格。

114. 评标委员会成员暗示或者诱导投标人作出澄清、说明或者接受投标人主动提出的澄清、说明时如何处罚?

答: 评标委员会成员在履行职务期间不得暗示或者诱导投标人作出澄清、说明或者接受投标人主动提出的澄清、说明。根据《条例》第七十一条的规定，评标委员会成员如有暗示或者诱导投标人作出澄清、说明或者接受投标人主动提出的澄清、说明的行为，应由有关行政监督部门责令改正；情节严重的，禁止其在一定期限内参加依法必须进行招标的项目的评标；情节特别严重的，取消其担任评标委员会成员的资格。

115. 评标委员会成员有其他不客观、不公正履行职务的行为时如何处罚?

答: 除以上《条例》规定的评标委员会成员的禁止性行为外，如果评标委员会成员还有其他不客观、不公正履行职务的行为，有关行政监督部门均有权责令其改正；情节严重的，禁止其在一定期限内参加依法必须进行招标的项目的评标；情节特别严重的，取消其担任评标委员会成员的资格。

116. 发现评标委员会成员收受投标人的财物或者其他好处时如何处罚?

答: 根据《条例》第七十二条的规定，评标委员会成员收受投标人的财物或者其他好处的，没收收受的财物，处三千元以上五万元以下的罚款，取消担任评标委员会成员的资格，不得再参加依法必须进行招标的项目的评标；构成犯罪的，依法追究刑事责任。

《招标投标法》第五十六条也规定：评标委员会成员收受投标人的财物或者其他好处的，评标委员会成员或者参加评标的有关工作人员向他人透露对投标文件的评审和比较、中标候选人的推荐以及与评标有关的其他情况的，给予警告，没收收受的财物，可以并处三千元以上五万元以下的罚款，对有所列违法行为的评标委员会成员取消担任评标委员会成员的资格，不得再参加任何依法必须进行招标的项目的评标；构成犯罪的，依法追究刑事责任。

117. 依法必须进行招标的项目的招标人无正当理由不发出中标通知书时如何处罚?

答: 针对实践中经常发生的招标人拖延或拒发《中标通知书》的现象,《条例》第七十三条规定:依法必须进行招标的项目的招标人无正当理由不发出中标通知书时属于违法行为,由有关行政监督部门责令改正,可以处中标项目金额千分之十以下的罚款;给他人造成损失的,依法承担赔偿责任;对单位直接负责的主管人员和其他直接责任人员依法给予处分。

118. 依法必须进行招标的项目的招标人不按照规定确定中标人时如何处罚?

答: 根据《条例》第七十三条的规定,依法必须进行招标的项目的招标人不按照规定确定中标人时,由有关行政监督部门责令改正,可以处中标项目金额千分之十以下的罚款;给他人造成损失的,依法承担赔偿责任;对单位直接负责的主管人员和其他直接责任人员依法给予处分。

119. 依法必须进行招标的项目的招标人在中标通知书发出后无正当理由改变中标结果时如何处罚?

答: 根据《条例》第七十三条的规定,依法必须进行招标的项目的招标人在中标通知书发出后无正当理由改变中标结果时,由有关行政监督部门责令改正,可以处中标项目金额千分之十以下的罚款;给他人造成损失的,依法承担赔偿责任;对单位直接负责的主管人员和其他直接责任人员依法给予处分。

120. 依法必须进行招标的项目的招标人无正当理由不与中标人订立合同时如何处罚?

答: 根据《条例》第七十三条的规定,依法必须进行招标的项目的招标人无正当理由不与中标人订立合同时,由有关行政监督部门责令改正,可以处中标项目金额千分之十以下的罚款;给他人造成损失的,依法承担赔偿责任;对单位直接负责的主管人员和其他直接责任人员依法给予处分。

121. 依法必须进行招标的项目的招标人在订立合同时向中标人提出附加条件时如何处罚?

答: 根据《条例》第七十三条的规定,依法必须进行招标的项目的招标人在订立合同时向中标人提出附加条件的行为属于违法行为,应由有关行政监督部门责令改正，可以处中标项目金额千分之十以下的罚款；给他人造成损失的，依法承担赔偿责任；对单位直接负责的主管人员和其他直接责任人员依法给予处分。

122. 中标人无正当理由不与招标人订立合同，在签订合同时向招标人提出附加条件，或者不按照招标文件要求提交履约保证金时如何处罚？

答：根据《条例》第七十四条的规定，中标人无正当理由不与招标人订立合同，在签订合同时向招标人提出附加条件，或者不按照招标文件要求提交履约保证金的，取消其中标资格，投标保证金不予退还。对依法必须进行招标的项目的中标人，由有关行政监督部门责令改正，可以处中标项目金额千分之十以下的罚款。

123. 招标人和中标人不按照招标文件和中标人的投标文件订立合同，合同的主要条款与招标文件、中标人的投标文件的内容不一致，或者招标人、中标人订立背离合同实质性内容的协议的如何处罚？

答：《招标投标法》第五十九条规定：招标人与中标人不按照招标文件和中标人的投标文件订立合同的，或者招标人、中标人订立背离合同实质性内容的协议的，责令改正；可以处中标项目金额千分之五以上千分之十以下的罚款。

为增强可操作性，《条例》第七十五条则进一步明确规定，招标人和中标人不按照招标文件和中标人的投标文件订立合同，合同的主要条款与招标文件、中标人的投标文件的内容不一致，或者招标人、中标人订立背离合同实质性内容的协议的，由有关行政监督部门责令改正，可以处中标项目金额千分之五以上千分之十以下的罚款。

124. 中标人将中标项目转让给他人的，将中标项目肢解后分别转让给他人的，违反法律规定将中标项目的部分主体、关键性工作分包给他人的，或者分包人再次分包的如何处罚？

答：根据《条例》第七十六条的规定，中标人将中标项目转让给他人的，将中标项目肢解后分别转让给他人的，违法将中标项目的部分主体、关键性工作分包给他人的，或者分包人再次分包的，转让、分包无效，处转让、分包项目金额千分之五以上千分之十以下的罚款；有违法所得的，并处没收违法所得；可以责令停业整顿；情节严重的，由工商行政管理机关吊销营业执照。

本条规定与《招标投标法》第五十八条的规定内容一致。

125. 投标人或者其他利害关系人捏造事实、伪造材料或者以非法手段取得证明材料进行投诉的如何处罚?

答: 根据《条例》第七十七条的规定,投标人或者其他利害关系人捏造事实、伪造材料或者以非法手段取得证明材料进行投诉,给他人造成损失的,依法承担赔偿责任。

126. 招标人不按照规定对异议作出答复,继续进行招标投标活动的如何处罚?

答: 根据《条例》第七十七条的规定,招标人不按照规定对异议作出答复,继续进行招标投标活动的由有关行政监督部门责令改正,拒不改正或者不能改正并影响中标结果的,依照《条例》第八十二条的规定处理,招标、投标、中标无效,依法重新招标或者评标。

127. 取得招标职业资格的专业人员违反国家有关规定办理招标业务时如何处罚?

答: 根据《条例》第七十八条的规定,取得招标职业资格的专业人员违反国家有关规定办理招标业务的,责令改正,给予警告;情节严重的,暂停一定期限内从事招标业务;情节特别严重的,取消招标职业资格。

128. 招标投标活动中当事人违法行为的行政处理决定是否可以进行公告?

答: 市场经济是信用经济,也是法治经济。招标投标的原则是“公开、公平、公正、诚实信用”。建立招标投标信用制度是保证招标投标制度健康持续发展的基础,市场主体没有诚实信用,招标投标制度就缺乏重要保障。

根据《条例》第七十九条的规定,国家建立招标投标信用制度。有关行政监督部门应当依法公告对招标人、招标代理机构、投标人、评标委员会成员等当事人违法行为的行政处理决定。

招标投标信用制度建设的基本内容是在提高招标投标主体的职业道德水平,完善法律监督体系的同时,要通过建立健全市场信用信息体系,充分发挥社会公众对市场主体行为的监督作用,实现招标投标主体资格能力和信用信息在全国范围公开共享,接受政府和社会公众的监督。2008 年,国家发展改革委会同工业和信息化部、监察部、财政部、住房城乡建设部、交通运输部、铁道部、水利部、商务部、法制办印发《招标投标违法行为记录公告暂行办法》(发改法规[2008] 153 号),规定国务院有关行政主管部门和省级人民政府有关行政主管部门应建立各自的招标投标违法行为记录公告平台，并自招标投标违法行为行政处理决定作出之日起20个工作日内对外进行记录公告。为切实发挥公告制度失信惩戒作用，促进招标投标市场信用体系建设，2010年3月，国家发展改革委会同有关部门印发《关于进一步贯彻落实招标投标违法行为记录公告制度的通知》（发改法规［2010］628号），督促全面落实公告制度。目前，各有关部门、各地认真贯彻落实，加快公告平台建设，依法公告违法行为记录，招标投标市场诚信建设已取得积极成效。

129. 项目审批、核准部门不依法审批、核准项目招标范围、招标方式、招标组织形式的如何处罚？

答：为保障严格执法，落实行政问责制度，《条例》第八十条规定，项目审批、核准部门不依法审批、核准项目招标范围、招标方式、招标组织形式的，对单位直接负责的主管人员和其他直接责任人员依法给予处分。

130. 有关行政监督部门不依法履行职责，对违反《招标投标法》和《条例》规定的行为不依法查处，或者不按照规定处理投诉、不依法公告对招标投标当事人违法行为的行政处理决定的如何处罚？

答：为保障严格执法，落实行政问责制度，《条例》第八十条规定，有关行政监督部门不依法履行职责，对违反《招标投标法》和《条例》规定的行为不依法查处，或者不按照规定处理投诉、不依法公告对招标投标当事人违法行为的行政处理决定的，对直接负责的主管人员和其他直接责任人员依法给予处分。

131. 项目审批、核准部门和有关行政监督部门的工作人员徇私舞弊、滥用职权、玩忽职守时如何处罚？

答：《招标投标法》第六十三条规定：对招标投标活动依法负有行政监督职责的国家机关工作人员徇私舞弊、滥用职权或者玩忽职守，构成犯罪的，依法追究刑事责任；不构成犯罪的，依法给予行政处分。

为保障严格执法，落实行政问责制度，《条例》第八十条增加规定，项目审批、核准部门和有关行政监督部门的工作人员徇私舞弊、滥用职权、玩忽职守，构成犯罪的，依法追究刑事责任。

132. 国家工作人员利用职务便利非法干涉招标投标活动时如何处罚？

答：我国法律禁止国家工作人员利用职务便利非法干涉招标投标活动。根据《条例》第八十一条的规定，国家工作人员利用职务便利，以直接或者间接、明示或者暗示等任何方式非法干涉招标投标活动，有下列情形之一的，依法给予记过或者记大过处分；情节严重的，依法给予降级或者撤职处分；情节特别严重的，依法给予开除处分；构成犯罪的，依法追究刑事责任：

（一）要求对依法必须进行招标的项目不招标，或者要求对依法应当公开招标的项目不公开招标；

（二）要求评标委员会成员或者招标人以其指定的投标人作为中标候选人或者中标人，或者以其他方式非法干涉评标活动，影响中标结果；

（三）以其他方式非法干涉招标投标活动。

133. 依法必须进行招标的项目的招标投标活动违反《招标投标法》和《条例》的规定，对中标结果造成实质性影响，且不能采取补救措施予以纠正时如何处罚？

答：根据《条例》第八十二条的规定，依法必须进行招标的项目的招标投标活动违反法律规定，对中标结果造成实质性影响，且不能采取补救措施予以纠正的，招标、投标、中标无效，应当依法重新招标或者评标（按照法律规定的中标条件从其余投标人中重新确定中标人）。

第七章 附 则

134. 招标投标协会应当如何开展活动?

答: 招标投标协会是由从事招标投标活动的企事业单位、社会中介组织、研究机构、团体、专家学者，以及招标投标从业人员自愿组成的非盈利性的招标投标行业组织，是经主管部门批准、民政部门注册登记、具有法人资格的社会团体。根据《条例》第八十三条的规定，招标投标协会应当按照依法制定的章程开展活动，加强行业自律和服务。

135. 政府采购货物、服务的招标投标是否适用《条例》的规定?

答: 在中华人民共和国境内进行的招标投标活动，均应遵守《条例》的规定。根据《条例》第八十四条的规定，如果政府采购的法律、行政法规对政府采购货物、服务的招标投标另有规定的，从其规定。即政府采购除了适用《条例》的规定外，还应适用《中华人民共和国政府采购法》等与政府采购货物、服务招标投标有关的法律规定。

136. 《条例》何时施行?

答:《条例》作为《招标投标法》(1999 年 8 月 30 日第九届全国人民代表大会常务委员会第十一次会议通过，1999 年 8 月 30 日中华人民共和国主席令第二十一号公布，自 2000 年 1 月 1 日起施行) 的重要配套法规，经 2011 年 11 月 30 日国务院第 183 次常务会议通过，于 2011 年 12 月 20 日由国务院总理温家宝签署第 613 号中华人民共和国国务院令予以公布，自 2012 年 2 月 1 日起施行。即日起在中华人民共和国境内进行的招标投标活动，均应遵守《条例》的规定。

第三部分

附　　录

关于印发简明标准施工招标文件和标准设计施工总承包招标文件的通知

发改法规［2011］3018号

国务院各部门、各直属机构，各省、自治区、直辖市及计划单列市、副省级省会城市、新疆生产建设兵团发展改革委、工业和信息化主管部门、通信管理局、财政厅（局）、住房城乡建设厅（建委、局）、交通厅（局）、水利厅（局）、广播影视局，各铁路局、各铁路公司（筹备组），民航各地区管理局：

为落实中央关于建立工程建设领域突出问题专项治理长效机制的要求，进一步完善招标文件编制规则，提高招标文件编制质量，促进招标投标活动的公开、公平和公正，国家发展改革委会同工业和信息化部、财政部、住房和城乡建设部、交通运输部、铁道部、水利部、广电总局、中国民用航空局，编制了《简明标准施工招标文件》和《标准设计施工总承包招标文件》（以下如无特别说明，统一简称为《标准文件》）。现将《标准文件》印发你们，并就有关事项通知如下：

一、适用范围

依法必须进行招标的工程建设项目，工期不超过12个月、技术相对简单、且设计和施工不是由同一承包人承担的小型项目，其施工招标文件应当根据《简明标准施工招标文件》编制；设计施工一体化的总承包项目，其招标文件应当根据《标准设计施工总承包招标文件》编制。

工程建设项目，是指工程以及与工程建设有关的货物和服务。工程，是指建设工程，包括建筑物和构筑物的新建、改建、扩建及其相关的装修、拆除、修缮等。与工程建设有关的货物，是指构成工程不可分割的组成部分，且为实现工程基本功能所必需的设备、材料等。与工程建设有关的服务，是指为完成工程所需的勘察、设计、监理等。

二、应当不加修改地引用《标准文件》的内容

《标准文件》中的“投标人须知”（投标人须知前附表和其他附表除外）、

“评标办法”（评标办法前附表除外）、“通用合同条款”，应当不加修改地引用。

三、行业主管部门可以作出的补充规定

国务院有关行业主管部门可根据本行业招标特点和管理需要，对《简明标准施工招标文件》中的“专用合同条款”、“工程量清单”、“图纸”、“技术标准和要求”，《标准设计施工总承包招标文件》中的“专用合同条款”、“发包人要求”、“发包人提供的资料和条件”作出具体规定。其中，“专用合同条款”可对“通用合同条款”进行补充、细化，但除“通用合同条款”明确规定可以作出不同约定外，“专用合同条款”补充和细化的内容不得与“通用合同条款”相抵触，否则抵触内容无效。

四、招标人可以补充、细化和修改的内容

“投标人须知前附表”用于进一步明确“投标人须知”正文中的未尽事宜，招标人或者招标代理机构应结合招标项目具体特点和实际需要编制和填写，但不得与“投标人须知”正文内容相抵触，否则抵触内容无效。

“评标办法前附表”用于明确评标的方法、因素、标准和程序。招标人应根据招标项目具体特点和实际需要，详细列明全部审查或评审因素、标准，没有列明的因素和标准不得作为资格审查或者评标的依据。

招标人或者招标代理机构可根据招标项目的具体特点和实际需要，在“专用合同条款”中对《标准文件》中的“通用合同条款”进行补充、细化和修改，但不得违反法律、行政法规的强制性规定，以及平等、自愿、公平和诚实信用原则，否则相关内容无效。

五、实施时间、解释及修改

《标准文件》自 2012 年 5 月 1 日起实施。因出现新情况，需要对《标准文件》不加修改地引用的内容作出解释或修改的，由国家发展改革委会同国务院有关部门作出解释或修改。该解释和修改与《标准文件》具有同等效力。

请各级人民政府有关部门认真组织好《标准文件》的贯彻落实，及时总结经验和发现问题。各地在实施《标准文件》中的经验和问题，向上级主管部门报告；国务院各部门汇总本部门的经验和问题，报国家发展改革委。

特此通知。

附件：一：《中华人民共和国简明标准施工招标文件》（2012 年版）
　　　二：《中华人民共和国标准设计施工总承包招标文件》（2012 年版）

国家发展改革委
工业和信息化部
财政部
住房和城乡建设部
交通运输部
铁道部
水利部
广电总局
中国民用航空局
二〇一一年十二月二十日

附件一：

中华人民共和国
简明标准施工招标文件
（2012 年版）

使用说明

一、《简明标准施工招标文件》适用于工期不超过12个月、技术相对简单、且设计和施工不是由同一承包人承担的小型项目施工招标。

二、《简明标准施工招标文件》用相同序号标示的章、节、条、款、项、目，供招标人和投标人选择使用；以空格标示的由招标人填写的内容，招标人应根据招标项目具体特点和实际需要具体化，确实没有需要填写的，在空格中用“/”标示。

三、招标人按照《简明标准施工招标文件》第一章的格式发布招标公告或发出投标邀请书后，将实际发布的招标公告或实际发出的投标邀请书编入出售的招标文件中，作为投标邀请。其中，招标公告应同时注明发布所在的所有媒介名称。

四、《简明标准施工招标文件》第三章“评标办法”分别规定经评审的最低投标价法和综合评估法两种评标方法，供招标人根据招标项目具体特点和实际需要选择适用。招标人选择适用综合评估法的，各评审因素的评审标准、分值和权重等由招标人自主确定。国务院有关部门对各评审因素的评审标准、分值和权重等有规定的，从其规定。

第三章“评标办法”前附表应列明全部评审因素和评审标准，并在本章前附表标明投标人不满足要求即否决其投标的全部条款。

五、《简明标准施工招标文件》第五章“工程量清单”，由招标人根据工程量清单的国家标准、行业标准，以及招标项目具体特点和实际需要编制，并与“投标人须知”、“通用合同条款”、“专用合同条款”、“技术标准和要求”、“图纸”相衔接。本章所附表格可根据有关规定作相应的调整和补充。

六、《简明标准施工招标文件》第六章“图纸”，由招标人根据招标项目具体特点和实际需要编制，并与“投标人须知”、“通用合同条款”、“专用合同条款”、“技术标准和要求”相衔接。

七、《简明标准施工招标文件》第七章“技术标准和要求”由招标人根据招标项目具体特点和实际需要编制。“技术标准和要求”中的各项技术标准应符合国家强制性标准，不得要求或标明某一特定的专利、商标、名称、设计、原产地或生产供应者，不得含有倾向或者排斥潜在投标人的其他内容。如果必须引用某一生产供应者的技术标准才能准确或清楚地说明拟招标项目的技术标准时，则应当在参照后面加上“或相当于”字样。

八、招标人可根据招标项目具体特点和实际需要，参照《标准施工招标文件》、行业标准施工招标文件（如有），对《简明标准施工招标文件》做相应的补充和细化。

九、采用电子招标投标的，招标人应按照国家有关规定，结合项目具体情况，在招标文件中载明相应要求。

十、《简明标准施工招标文件》为2012年版，将根据实际执行过程中出现的问题及时进行修改。各使用单位或个人对《简明标准施工招标文件》的修改意见和建议，可向编制工作小组反映。

________________（项目名称）施工招标

招标文件

招标人：____________________（盖单位章）

______年______月______日

目 录

2.1　招标文件的组成
2.2　招标文件的澄清
2.3　招标文件的修改

3. 投标文件
3.1　投标文件的组成
3.2　投标报价
3.3　投标有效期
3.4　投标保证金
3.5　资格审查资料
3.6　投标文件的编制

4. 投标
4.1　投标文件的密封和标记
4.2　投标文件的递交
4.3　投标文件的修改与撤回

5. 开标
5.1　开标时间和地点
5.2　开标程序
5.3　开标异议

6. 评标
6.1　评标委员会
6.2　评标原则
6.3　评标

7. 合同授予
7.1　定标方式
7.2　中标候选人公示
7.3　中标通知
7.4　履约担保
7.5　签订合同

8. 纪律和监督
8.1　对招标人的纪律要求
8.2　对投标人的纪律要求
8.3　对评标委员会成员的纪律要求
8.4　对与评标活动有关的工作人员的纪律要求
8.5　投诉

1.2　语言文字

1.3　法律

1.4　合同文件的优先顺序

1.5　合同协议书

1.6　图纸和承包人文件

1.7　联络

2. 发包人义务

2.1　遵守法律

2.2　发出开工通知

2.3　提供施工场地

2.4　协助承包人办理证件和批件

2.5　组织设计交底

2.6　支付合同价款

2.7　组织竣工验收

2.8　其他义务

3. 监理人

3.1　监理人的职责和权力

3.2　总监理工程师

3.3　监理人员

3.4　监理人的指示

3.5　商定或确定

4. 承包人

4.1　承包人的一般义务

4.2　履约担保

4.3　承包人项目经理

4.4　工程价款应专款专用

4.5　不利物质条件

5. 施工控制网

6. 工期

6.1　进度计划

6.2　工程实施

6.3　发包人引起的工期延误

6.4　异常恶劣的气候条件

6.5　承包人引起的工期延误

7. 工程质量
   7.1 工程质量要求
   7.2 监理人的质量检查
   7.3 工程隐蔽部位覆盖前的检查
   7.4 清除不合格工程
8. 试验和检验
   8.1 材料、工程设备和工程的试验和检验
   8.2 现场材料试验
9. 变更
   9.1 变更权
   9.2 变更程序
   9.3 变更的估价原则
   9.4 暂列金额
   9.5 计日工
10. 计量与支付
   10.1 计量
   10.2 预付款
   10.3 工程进度付款
   10.4 质量保证金
   10.5 竣工结算
   10.6 付款延误
11. 竣工验收
   11.1 竣工验收的含义
   11.2 竣工验收申请报告
   11.3 竣工和验收
   11.4 试运行
   11.5 竣工清场
12. 缺陷责任与保修责任
   12.1 缺陷责任
   12.2 保修责任
13. 保险
   13.1 保险范围
   13.2 未办理保险
14. 不可抗力

（一）投标函

（二）投标函附录

二、法定代表人身份证明

二、授权委托书

三、投标保证金

四、已标价工程量清单

五、施工组织设计

附表一：拟投入本项目的主要施工设备表

附表二：劳动力计划表

附表三：进度计划

附表四：施工总平面图

六、项目管理机构

（一）项目管理机构组成表

（二）项目经理简历表

七、资格审查资料

（一）投标人基本情况表

（二）近年财务状况表

（三）近年完成的类似项目情况表

（四）正在实施的和新承接的项目情况表

（五）其他资格审查资料

第一章 招标公告（适用于公开招标）

________（项目名称）施工招标公告

1. 招标条件

本招标项目________（项目名称）已由________（项目审批、核准或备案机关名称）以____________（批文名称及编号）批准建设，项目业主为____________，建设资金来自________（资金来源），项目出资比例为________，招标人为________。项目已具备招标条件，现对该项目施工进行公开招标。

2. 项目概况与招标范围

________________（说明本次招标项目的建设地点、规模、计划工期、招标范围等）。

3. 投标人资格要求

本次招标要求投标人须具备________资质，并在人员、设备、资金等方面具有相应的施工能力。

4. 招标文件的获取

4.1 凡有意参加投标者，请于____年____月____日至____年____月____日，每日上午____时至____时，下午____时至____时（北京时间，下同），在____________（详细地址）持单位介绍信购买招标文件。

4.2 招标文件每套售价____元，售后不退。图纸资料押金____元，在退还图纸资料时退还（不计利息）。

4.3 邮购招标文件的，需另加手续费（含邮费）____元。招标人在收到单位介绍信和邮购款（含手续费）后____日内寄送。

5. 投标文件的递交

5.1 投标文件递交的截止时间（投标截止时间，下同）为____年____月____时____分，地点为____________________。

5.2 逾期送达的或者未送达指定地点的投标文件，招标人不予受理。

6. 发布公告的媒介

本次招标公告同时在____（发布公告的媒介名称）上发布。

7. 联系方式

招 标 人：________________	招标代理机构：______________
地　　址：________________	地　　址：__________________
邮　　编：________________	邮　　编：__________________
联 系 人：________________	联 系 人：__________________
电　　话：________________	电　　话：__________________
传　　真：________________	传　　真：__________________
电子邮件：________________	电子邮件：__________________
网　　址：________________	网　　址：__________________
开户银行：________________	开户银行：__________________
账　　号：________________	账　　号：__________________

______年______月______日

第一章　投标邀请书（适用于邀请招标）

________（项目名称）施工投标邀请书

________（被邀请单位名称）：

1. 招标条件

本招标项目__________（项目名称）已由__________（项目审批、核准或备案机关名称）以__________（批文名称及编号）批准建设，项目业主为__________，建设资金来自__________（资金来源），出资比例为__________，招标人为__________。项目已具备招标条件，现邀请你单位参加该项目施工投标。

2. 项目概况与招标范围

__________（说明本次招标项目的建设地点、规模、计划工期、招标范围等）。

3. 投标人资格要求

本次招标要求投标人具备__________资质，并在人员、设备、资金等方面具有相应的施工能力。

4. 招标文件的获取

4.1　请于____年____月____日至____年____月____日，每日上午____时至____时，下午____时至____时（北京时间，下同），在__________（详细地址）持本投标邀请书购买招标文件。

4.2　招标文件每套售价____元，售后不退。图纸资料押金____元，在退还图纸资料时退还（不计利息）。

4.3　邮购招标文件的，需另加手续费（含邮费）____元。招标人在收到邮购款（含手续费）后____日内寄送。

5. 投标文件的递交

5.1　投标文件递交的截止时间（投标截止时间，下同）为____年____月____日____时____分，地点为__________。

5.2　逾期送达的或者未送达指定地点的投标文件，招标人不予受理。

6. 确认

你单位收到本投标邀请书后，请于____（具体时间）前以传真或快递方式予以确认是否参加投标。

7. 联系方式

招　标　人：________________	招标代理机构：______________
地　　　址：________________	地　　　址：________________
邮　　　编：________________	邮　　　编：________________
联　系　人：________________	联　系　人：________________
电　　　话：________________	电　　　话：________________
传　　　真：________________	传　　　真：________________
电子邮件：________________	电子邮件：________________
网　　　址：________________	网　　　址：________________
开户银行：________________	开户银行：________________
账　　　号：________________	账　　　号：________________

_____年_____月_____日

附件：确认通知

确认通知

________（招标人名称）：

我方已于______年______月______日收到你方______年______月______日发出的________________（项目名称）关于________________的通知，并确认______（参加/不参加）投标。

特此确认。

被邀请单位名称：______________（盖单位章）

法定代表人：______________________（签字）

______年______月______日

第二章　投标人须知

投标人须知前附表

条款号	条款名称	编列内容
1.1.2	招标人	名称： 地址： 联系人： 电话：
1.1.3	招标代理机构	名称： 地址： 联系人： 电话：
1.1.4	项目名称	
1.1.5	建设地点	
1.2.1	资金来源及比例	
1.2.2	资金落实情况	
1.3.1	招标范围	
1.3.2	计划工期	计划工期：_______日历天 计划开工日期：___年___月___日 计划竣工日期：___年___月___日
1.3.3	质量要求	
1.4.1	投标人资质条件、能力	资质条件： 项目经理（建造师，下同）资格： 财务要求： 业绩要求： 其他要求：
1.9.1	踏勘现场	□不组织 □组织，踏勘时间： 踏勘集中地点：

续表

条款号	条款名称	编列内容
1. 10. 1	投标预备会	□不召开 □召开，召开时间： 召开地点：
1. 10. 2	投标人提出问题的截止时间	
1. 10. 3	招标人书面澄清的时间	
1. 11	偏离	□不允许 □允许
2. 1	构成招标文件的其他材料	
2. 2. 1	投标人要求澄清招标文件的截止时间	
2. 2. 2	投标截止时间	____年____月____日____时____分
2. 2. 3	投标人确认收到招标文件澄清的时间	
2. 3. 2	投标人确认收到招标文件修改的时间	
3. 1. 1	构成投标文件的其他材料	
3. 2. 3	最高投标限价或其计算方法	
3. 3. 1	投标有效期	
3. 4. 1	投标保证金	□不要求递交投标保证金 □要求递交投标保证金 投标保证金的形式： 投标保证金的金额：
3. 5. 2	近年财务状况的年份要求	____________年
3. 5. 3	近年完成的类似项目的年份要求	____________年
3. 6. 3	签字或盖章要求	
3. 6. 4	投标文件副本份数	________份
3. 6. 5	装订要求	
4. 1. 2	封套上应载明的信息	招标人地址： 招标人名称： ________（项目名称）投标文件 在___年___月___日___时___分前不得开启

续表

条款号	条款名称	编列内容
4.2.2	递交投标文件地点	
4.2.3	是否退还投标文件	□否 □是
5.1	开标时间和地点	开标时间：同投标截止时间 开标地点：
5.2	开标程序	密封情况检查： 开标顺序：
6.1.1	评标委员会的组建	评标委员会构成：______人，其中招标人代表______人，专家______人； 评标专家确定方式：
7.1	是否授权评标委员会确定中标人	□是 □否，推荐的中标候选人数：
7.2	中标候选人公示媒介	
7.4.1	履约担保	履约担保的形式： 履约担保的金额：
9	**需要补充的其他内容**	
10	电子招标投标	□否 □是，具体要求：
……		……

1. 总则

1.1 项目概况

1.1.1 根据《中华人民共和国招标投标法》等有关法律、法规和规章的规定，本招标项目已具备招标条件，现对本项目施工进行招标。

1.1.2 本招标项目招标人：见投标人须知前附表。

1.1.3 本招标项目招标代理机构：见投标人须知前附表。

1.1.4 本招标项目名称：见投标人须知前附表。

1.1.5 本招标项目建设地点：见投标人须知前附表。

1.2 资金来源和落实情况

1.2.1 本招标项目的资金来源及出资比例：见投标人须知前附表。

1.2.2 本招标项目的资金落实情况：见投标人须知前附表。

1.3 招标范围、计划工期、质量要求

1.3.1 本次招标范围：见投标人须知前附表。

1.3.2 本招标项目的计划工期：见投标人须知前附表。

1.3.3 本招标项目的质量要求：见投标人须知前附表。

1.4 投标人资格要求

1.4.1 投标人应具备承担本项目施工的资质条件、能力和信誉。

（1）资质条件：见投标人须知前附表；

（2）项目经理资格：见投标人须知前附表；

（3）财务要求：见投标人须知前附表；

（4）业绩要求：见投标人须知前附表；

（5）其他要求：见投标人须知前附表。

1.4.2 投标人不得存在下列情形之一：

（1）为招标人不具有独立法人资格的附属机构（单位）；

（2）为本招标项目前期准备提供设计或咨询服务的；

（3）为本招标项目的监理人；

（4）为本招标项目的代建人；

（5）为本招标项目提供招标代理服务的；

（6）与本招标项目的监理人或代建人或招标代理机构同为一个法定代表人的；

（7）与本招标项目的监理人或代建人或招标代理机构相互控股或参股的；

（8）与本招标项目的监理人或代建人或招标代理机构相互任职或工作的；

（9）被责令停业的；

（10）被暂停或取消投标资格的；

（11）财产被接管或冻结的；

（12）在最近三年内有骗取中标或严重违约或重大工程质量问题的。

1.4.3 单位负责人为同一人或者存在控股、管理关系的不同单位，不得同时参加本招标项目投标。

1.5 费用承担

投标人准备和参加投标活动发生的费用自理。

1.6 保密

参与招标投标活动的各方应对招标文件和投标文件中的商业和技术等秘密保密，违者应对由此造成的后果承担法律责任。

1.7 语言文字

招标投标文件使用的语言文字为中文。专用术语使用外文的，应附有中文注释。

1.8 计量单位

所有计量均采用中华人民共和国法定计量单位。

1.9 踏勘现场

1.9.1 投标人须知前附表规定组织踏勘现场的，招标人按投标人须知前附表规定的时间、地点组织投标人踏勘项目现场。

1.9.2 投标人踏勘现场发生的费用自理。

1.9.3 除招标人的原因外，投标人自行负责在踏勘现场中所发生的人员伤亡和财产损失。

1.9.4 招标人在踏勘现场中介绍的工程场地和相关的周边环境情况，供投标人在编制投标文件时参考，招标人不对投标人据此作出的判断和决策负责。

1.10 投标预备会

1.10.1 投标人须知前附表规定召开投标预备会的，招标人按投标人须知前附表规定的时间和地点召开投标预备会，澄清投标人提出的问题。

1.10.2 投标人应在投标人须知前附表规定的时间前，以书面形式将提出的问题送达招标人，以便招标人在会议期间澄清。

1.10.3 投标预备会后，招标人在投标人须知前附表规定的时间内，将对投标人所提问题的澄清，以书面形式通知所有购买招标文件的投标人。该澄清内容为招标文件的组成部分。

1.11 偏离

投标人须知前附表允许投标文件偏离招标文件某些要求的，偏离应当符合招标文件规定的偏离范围和幅度。

2. 招标文件

2.1　招标文件的组成

2.1.1　本招标文件包括：

（1）招标公告（或投标邀请书）；

（2）投标人须知；

（3）评标办法；

（4）合同条款及格式；

（5）工程量清单；

（6）图纸；

（7）技术标准和要求；

（8）投标文件格式；

（9）投标人须知前附表规定的其他材料。

2.1.2　根据本章第1.10款、第2.2款和第2.3款对招标文件所作的澄清、修改，构成招标文件的组成部分。

2.2　招标文件的澄清

2.2.1　投标人应仔细阅读和检查招标文件的全部内容。如发现缺页或附件不全，应及时向招标人提出，以便补齐。如有疑问，应在投标人须知前附表规定的时间前以书面形式（包括信函、电报、传真等可以有形地表现所载内容的形式，下同），要求招标人对招标文件予以澄清。

2.2.2　招标文件的澄清将以书面形式发给所有购买招标文件的投标人，但不指明澄清问题的来源。如果澄清发出的时间距投标人须知前附表规定的投标截止时间不足15天，并且澄清内容影响投标文件编制的，将相应延长投标截止时间。

2.2.3　投标人在收到澄清后，应在投标人须知前附表规定的时间内以书面形式通知招标人，确认已收到该澄清。

2.3　招标文件的修改

2.3.1　招标人可以书面形式修改招标文件，并通知所有已购买招标文件的投标人。但如果修改招标文件的时间距投标截止时间不足15天，并且修改内容影响投标文件编制的，将相应延长投标截止时间。

2.3.2　投标人收到修改内容后，应在投标人须知前附表规定的时间内以书面形式通知招标人，确认已收到该修改。

3. 投标文件

3.1 投标文件的组成

投标文件应包括下列内容：

（1）投标函及投标函附录；

（2）法定代表人身份证明或附有法定代表人身份证明的授权委托书；

（3）投标保证金；

（4）已标价工程量清单；

（5）施工组织设计；

（6）项目管理机构；

（7）资格审查资料；

（8）投标人须知前附表规定的其他材料。

3.2 投标报价

3.2.1 投标人应按第五章“工程量清单”的要求填写相应表格。

3.2.2 投标人在投标截止时间前修改投标函中的投标报价总额，应同时修改“已标价工程量清单”中的相应报价，投标报价总额为各分项金额之和。此修改须符合本章第4.3款的有关要求。

3.2.3 招标人设有最高投标限价的，投标人的投标报价不得超过最高投标限价，最高投标限价或其计算方法在投标人须知前附表中载明。

3.3 投标有效期

3.3.1 除投标人须知前附表另有规定外，投标有效期为60天。

3.3.2 在投标有效期内，投标人撤销或修改其投标文件的，应承担招标文件和法律规定的责任。

3.3.3 出现特殊情况需要延长投标有效期的，招标人以书面形式通知所有投标人延长投标有效期。投标人同意延长的，应相应延长其投标保证金的有效期，但不得要求或被允许修改或撤销其投标文件；投标人拒绝延长的，其投标失效，但投标人有权收回其投标保证金。

3.4 投标保证金

3.4.1 投标人须知前附表规定递交投标保证金的，投标人在递交投标文件的同时，应按投标人须知前附表规定的金额、担保形式和第八章“投标文件格式”规定的或者事先经过招标人认可的投标保证金格式递交投标保证金，并作为其投标文件的组成部分。

3.4.2 投标人不按本章第3.4.1项要求提交投标保证金的，评标委员会将否决其投标。

3.4.3 招标人与中标人签订合同后5日内，向未中标的投标人和中标人退还投标保证金及同期银行存款利息。

3.4.4 有下列情形之一的，投标保证金将不予退还：

（1）投标人在规定的投标有效期内撤销或修改其投标文件；

（2）中标人在收到中标通知书后，无正当理由拒签合同协议书或未按招标文件规定提交履约担保。

3.5 资格审查资料

3.5.1 “投标人基本情况表”应附投标人营业执照及其年检合格的证明材料、资质证书副本和安全生产许可证等材料的复印件。

3.5.2 “近年财务状况表”应附经会计师事务所或审计机构审计的财务会计报表，包括资产负债表、现金流量表、利润表和财务情况说明书等复印件，具体年份要求见投标人须知前附表。

3.5.3 “近年完成的类似项目情况表”应附中标通知书和（或）合同协议书、工程接收证书（工程竣工验收证书）复印件，具体年份要求见投标人须知前附表。每张表格只填写一个项目，并标明序号。

3.5.4 “正在施工和新承接的项目情况表”应附中标通知书和（或）合同协议书复印件。每张表格只填写一个项目，并标明序号。

3.6 投标文件的编制

3.6.1 投标文件应按第八章“投标文件格式”进行编写，如有必要，可以增加附页，作为投标文件的组成部分。其中，投标函附录在满足招标文件实质性要求的基础上，可以提出比招标文件要求更有利于招标人的承诺。

3.6.2 投标文件应当对招标文件有关工期、投标有效期、质量要求、技术标准和要求、招标范围等实质性内容作出响应。

3.6.3 投标文件应用不褪色的材料书写或打印，并由投标人的法定代表人或其委托代理人签字或盖单位章。委托代理人签字的，投标文件应附法定代表人签署的授权委托书。投标文件应尽量避免涂改、行间插字或删除。如果出现上述情况，改动之处应加盖单位章或由投标人的法定代表人或其授权的代理人签字确认。签字或盖章的具体要求见投标人须知前附表。

3.6.4 投标文件正本一份，副本份数见投标人须知前附表。正本和副本的封面上应清楚地标记“正本”或“副本”的字样。当副本和正本不一致时，以正本为准。

3.6.5 投标文件的正本与副本应分别装订成册，具体装订要求见投标人须知前附表规定。

4. 投标

4.1 投标文件的密封和标记

4.1.1 投标文件应进行包装、加贴封条，并在封套的封口处加盖投标人单位章。

4.1.2 投标文件封套上应写明的内容见投标人须知前附表。

4.1.3 未按本章第4.1.1项或第4.1.2项要求密封和加写标记的投标文件，招标人应予拒收。

4.2 投标文件的递交

4.2.1 投标人应在本章第2.2.2项规定的投标截止时间前递交投标文件。

4.2.2 投标人递交投标文件的地点：见投标人须知前附表。

4.2.3 除投标人须知前附表另有规定外，投标人所递交的投标文件不予退还。

4.2.4 招标人收到投标文件后，向投标人出具签收凭证。

4.2.5 逾期送达的或者未送达指定地点的投标文件，招标人不予受理。

4.3 投标文件的修改与撤回

4.3.1 在本章第2.2.2项规定的投标截止时间前，投标人可以修改或撤回已递交的投标文件，但应以书面形式通知招标人。

4.3.2 投标人修改或撤回已递交投标文件的书面通知应按照本章第3.6.3项的要求签字或盖章。招标人收到书面通知后，向投标人出具签收凭证。

4.3.3 投标人撤回投标文件的，招标人自收到投标人书面撤回通知之日起5日内退还已收取的投标保证金。

4.3.4 修改的内容为投标文件的组成部分。修改的投标文件应按照本章第3条、第4条规定进行编制、密封、标记和递交，并标明“修改”字样。

5. 开标

5.1 开标时间和地点

招标人在本章第2.2.2项规定的投标截止时间（开标时间）和投标人须知前附表规定的地点公开开标，并邀请所有投标人的法定代表人或其委托代理人准时参加。

5.2 开标程序

主持人按下列程序进行开标：

（1）宣布开标纪律；

（2）公布在投标截止时间前递交投标文件的投标人名称，并点名确认投标人是否派人到场；

（3）宣布开标人、唱标人、记录人、监标人等有关人员姓名；

（4）按照投标人须知前附表规定检查投标文件的密封情况；

（5）按照投标人须知前附表的规定确定并宣布投标文件开标顺序；

（6）设有标底的，公布标底；

（7）按照宣布的开标顺序当众开标，公布投标人名称、投标保证金的递交情况、投标报价、质量目标、工期及其他内容，并记录在案；

（8）规定最高投标限价计算方法的，计算并公布最高投标限价；

（9）投标人代表、招标人代表、监标人、记录人等有关人员在开标记录上签字确认；

（10）开标结束。

5.3 开标异议

投标人对开标有异议的，应当在开标现场提出，招标人当场作出答复，并制作记录。

6. 评标

6.1 评标委员会

6.1.1 评标由招标人依法组建的评标委员会负责。评标委员会由招标人或其委托的招标代理机构熟悉相关业务的代表，以及有关技术、经济等方面的专家组成。评标委员会成员人数以及技术、经济等方面专家的确定方式见投标人须知前附表。

6.1.2 评标委员会成员有下列情形之一的，应当回避：

（1）投标人或投标人主要负责人的近亲属；

（2）项目主管部门或者行政监督部门的人员；

（3）与投标人有经济利益关系；

（4）曾因在招标、评标以及其他与招标投标有关活动中从事违法行为而受过行政处罚或刑事处罚的；

（5）与投标人有其他利害关系。

6.2 评标原则

评标活动遵循公平、公正、科学和择优的原则。

6.3 评标

评标委员会按照第三章“评标办法”规定的方法、评审因素、标准和程序对投标文件进行评审。第三章“评标办法”没有规定的方法、评审因素和标准，不作为评标依据。

7. 合同授予

7.1 定标方式

除投标人须知前附表规定评标委员会直接确定中标人外，招标人依据评标委员会推荐的中标候选人确定中标人，评标委员会推荐中标候选人的人数见投标人须知前附表。

7.2 中标候选人公示

招标人在投标人须知前附表规定的媒介公示中标候选人。

7.3 中标通知

在本章第3.3款规定的投标有效期内，招标人以书面形式向中标人发出中标通知书，同时将中标结果通知未中标的投标人。

7.4 履约担保

7.4.1 在签订合同前，中标人应按投标人须知前附表规定的担保形式和招标文件第四章“合同条款及格式”规定的或者事先经过招标人书面认可的履约担保格式向招标人提交履约担保。除投标人须知前附表另有规定外，履约担保金额为中标合同金额的10%。

7.4.2 中标人不能按本章第7.4.1项要求提交履约担保的，视为放弃中标，其投标保证金不予退还，给招标人造成的损失超过投标保证金数额的，中标人还应当对超过部分予以赔偿。

7.5 签订合同

7.5.1 招标人和中标人应当自中标通知书发出之日起30天内，根据招标文件和中标人的投标文件订立书面合同。中标人无正当理由拒签合同的，招标人取消其中标资格，其投标保证金不予退还；给招标人造成的损失超过投标保证金数额的，中标人还应当对超过部分予以赔偿。

7.5.2 发出中标通知书后，招标人无正当理由拒签合同的，招标人向中标人退还投标保证金；给中标人造成损失的，还应当赔偿损失。

8. 纪律和监督

8.1 对招标人的纪律要求

招标人不得泄漏招标投标活动中应当保密的情况和资料，不得与投标人串通损害国家利益、社会公共利益或者他人合法权益。

8.2 对投标人的纪律要求

投标人不得相互串通投标或者与招标人串通投标，不得向招标人或者评标委员会成员行贿谋取中标，不得以他人名义投标或者以其他方式弄虚作假骗取中标；投标人不得以任何方式干扰、影响评标工作。

8.3　对评标委员会成员的纪律要求

评标委员会成员不得收受他人的财物或者其他好处，不得向他人透漏对投标文件的评审和比较、中标候选人的推荐情况以及评标有关的其他情况。在评标活动中，评标委员会成员应当客观、公正地履行职责，遵守职业道德，不得擅离职守，影响评标程序正常进行，不得使用第三章“评标办法”没有规定的评审因素和标准进行评标。

8.4　对与评标活动有关的工作人员的纪律要求

与评标活动有关的工作人员不得收受他人的财物或者其他好处，不得向他人透漏对投标文件的评审和比较、中标候选人的推荐情况以及评标有关的其他情况。在评标活动中，与评标活动有关的工作人员不得擅离职守，影响评标程序正常进行。

8.5　投诉

投标人和其他利害关系人认为本次招标活动违反法律、法规和规章规定的，有权向有关行政监督部门投诉。

9. 需要补充的其他内容

需要补充的其他内容：见投标人须知前附表。

10. 电子招标投标

采用电子招标投标，对投标文件的编制、密封和标记、递交、开标、评标等的具体要求，见投标人须知前附表。

附件一：开标记录表

________（项目名称）开标记录表

开标时间：____年____月____日____时____分

序号	投标人	密封情况	投标保证金	投标报价（元）	质量标准	工期	备注	签名
招标人编制的标底/最高限价								

招标人代表：________记录人：________监标人：______

______年______月______日______

附件二：问题澄清通知

问题澄清通知

编号：

____________（投标人名称）：

____________（项目名称）招标的评标委员会，对你方的投标文件进行了仔细的审查，现需你方对下列问题以书面形式予以澄清：

1.

2.

……

请将上述问题的澄清于______年______月______日______时前递交至________________________（详细地址）或传真至________（传真号码）。采用传真方式的，应在______年______月______日______时前将原件递交至________________________（详细地址）。

招标人或招标代理机构：____________（签字或盖章）

______年______月______日

附件三：问题的澄清

问题的澄清

编号：

______________（项目名称）招标评标委员会：

问题澄清通知（编号：________）已收悉，现澄清如下：

1.

2.

……

投标人：______________________（盖单位章）

法定代表人或其委托代理人：________（签字）

______年______月______日

附件四：中标通知书

中标通知书

__________________（中标人名称）：

你方于________________（投标日期）所递交的________________（项目名称）投标文件已被我方接受，被确定为中标人。

中标价：________________元。

工期：______日历天。

工程质量：符合__________________标准。

项目经理：____________（姓名）。

请你方在接到本通知书后的______日内到_______________（指定地点）与我方签订承包合同，在此之前按招标文件第二章“投标人须知”第7.4款规定向我方提交履约担保。

随附的澄清、说明、补正事项纪要，是本中标通知书的组成部分。

特此通知。

附：澄清、说明、补正事项纪要

招标人：______________（盖单位章）

法定代表人：______________（签字）

______年______月______日

附件五：中标结果通知书

中标结果通知书

__________________（未中标人名称）：

我方已接受____________（中标人名称）于____________（投标日期）所递交的_____________（项目名称）投标文件，确定____________（中标人名称）为中标人。

感谢你单位对我们工作的大力支持！

招标人：________________________（盖单位章）

法定代表人：________________________（签字）

_____年_____月_____日

附件六：确认通知

确认通知

_________________（招标人名称）：

你方于______年______月______日发出的______________（项目名称）关于_______________的通知，我方已于______年______月______日收到。

特此确认。

投标人：______________（盖单位章）

______年______月______日

第三章　评标办法（经评审的最低投标价法）

评标办法前附表

条款号		评审因素	评审标准
2.1.1	形式评审标准	投标人名称	与营业执照、资质证书、安全生产许可证一致
		投标函签字盖章	有法定代表人或其委托代理人签字或加盖单位章
		投标文件格式	符合第八章“投标文件格式”的要求
		报价唯一	只能有一个有效报价
		……	……
2.1.2	资格评审标准	营业执照	具备有效的营业执照
		安全生产许可证	具备有效的安全生产许可证
		资质等级	符合第二章“投标人须知”第1.4.1项规定
		项目经理	符合第二章“投标人须知”第1.4.1项规定
		财务要求	符合第二章“投标人须知”第1.4.1项规定
		业绩要求	符合第二章“投标人须知”第1.4.1项规定
		其他要求	符合第二章“投标人须知”第1.4.1项规定
		……	……
2.1.3	响应性评审标准	投标报价	符合第二章“投标人须知”第3.2.3项规定
		投标内容	符合第二章“投标人须知”第1.3.1项规定
		工期	符合第二章“投标人须知”第1.3.2项规定
		工程质量	符合第二章“投标人须知”第1.3.3项规定

续表

条款号		评审因素	评审标准
2.1.3	响应性评审标准	投标有效期	符合第二章“投标人须知”第3.3.1项规定
		投标保证金	符合第二章“投标人须知”第3.4.1项规定
		权利义务	符合第四章“合同条款及格式”规定
		已标价工程量清单	符合第五章“工程量清单”给出的范围及数量
		技术标准和要求	符合第七章“技术标准和要求”规定
		……	……
2.1.4	施工组织设计评审标准	质量管理体系与措施	……
		安全管理体系与措施	……
		环境保护管理体系与措施	……
		工程进度计划与措施	……
		资源配备计划	……
		……	……

条款号		量化因素	量化标准
2.2	详细评审标准	单价遗漏	……
		不平衡报价	……
		……	……

1. 评标方法

本次评标采用经评审的最低投标价法。评标委员会对满足招标文件实质要求的投标文件，根据本章第2.2款规定的量化因素及量化标准进行价格折算，按照经评审的投标价由低到高的顺序推荐中标候选人，或根据招标人授权直接确定中标人，但投标报价低于其成本的除外。经评审的投标价相等时，投标报价低的优先；投标报价也相等的，由招标人或其授权的评标委员会自行确定。

2. 评审标准

2.1 初步评审标准

2.1.1 形式评审标准：见评标办法前附表。

2.1.2 资格评审标准：见评标办法前附表。

2.1.3 响应性评审标准：见评标办法前附表。

2.1.4 施工组织设计评审标准：见评标办法前附表。

2.2 详细评审标准

详细评审标准：见评标办法前附表。

3. 评标程序

3.1 初步评审

3.1.1 评标委员会可以要求投标人提交第二章“投标人须知”第3.5.1项至第3.5.4项规定的有关证明和证件的原件，以便核验。评标委员会依据本章第2.1款规定的标准对投标文件进行初步评审。有一项不符合评审标准的，评标委员会应当否决其投标。

3.1.2 投标人有以下情形之一的，评标委员会应当否决其投标：

（1）第二章“投标人须知”第1.4.2项、第1.4.3项规定的任何一种情形的；

（2）串通投标或弄虚作假或有其他违法行为的；

（3）不按评标委员会要求澄清、说明或补正的。

3.1.3 投标报价有算术错误的，评标委员会按以下原则对投标报价进行修正，修正的价格经投标人书面确认后具有约束力。投标人不接受修正价格的，评标委员会应当否决其投标。

（1）投标文件中的大写金额与小写金额不一致的，以大写金额为准；

（2）总价金额与依据单价计算出的结果不一致的，以单价金额为准修正总价，但单价金额小数点有明显错误的除外。

3.2 详细评审

3.2.1 评标委员会按本章第2.2款规定的量化因素和标准进行价格折算，计算出评标价，并编制价格比较一览表。

3.2.2 评标委员会发现投标人的报价明显低于其他投标报价，或者在设有标底时明显低于标底，使得其投标报价可能低于其成本的，应当要求该投标人作出书面说明并提供相应的证明材料。投标人不能合理说明或者不能提供相应证明材料的，评标委员会应当认定该投标人以低于成本报价竞标，否决其投标。

3.3 投标文件的澄清和补正

3.3.1 在评标过程中，评标委员会可以书面形式要求投标人对所提交的投标文件中不明确的内容进行书面澄清或说明，或者对细微偏差进行补正。评标委员会不接受投标人主动提出的澄清、说明或补正。

3.3.2 澄清、说明和补正不得改变投标文件的实质性内容。投标人的书面澄清、说明和补正属于投标文件的组成部分。

3.3.3 评标委员会对投标人提交的澄清、说明或补正有疑问的，可以要求投标人进一步澄清、说明或补正，直至满足评标委员会的要求。

3.4 评标结果

3.4.1 除第二章“投标人须知”前附表授权直接确定中标人外，评标委员会按照经评审的价格由低到高的顺序推荐中标候选人。

3.4.2 评标委员会完成评标后，应当向招标人提交书面评标报告。

第三章　评标办法（综合评估法）

评标办法前附表

条款号		评审因素	评审标准
2.1.1	形式评审标准	投标人名称	与营业执照、资质证书、安全生产许可证一致
		投标函签字盖章	有法定代表人或其委托代理人签字或加盖单位章
		投标文件格式	符合第八章“投标文件格式”的要求
		报价唯一	只能有一个有效报价
		……	……
2.1.2	资格评审标准	营业执照	具备有效的营业执照
		安全生产许可证	具备有效的安全生产许可证
		资质等级	符合第二章“投标人须知”第1.4.1项规定
		项目经理	符合第二章“投标人须知”第1.4.1项规定
		财务要求	符合第二章“投标人须知”第1.4.1项规定
		业绩要求	符合第二章“投标人须知”第1.4.1项规定
		其他要求	符合第二章“投标人须知”第1.4.1项规定
		……	……
2.1.3	响应性评审标准	投标报价	符合第二章“投标人须知”第3.2.3项规定
		投标内容	符合第二章“投标人须知”第1.3.1项规定
		工期	符合第二章“投标人须知”第1.3.2项规定
		工程质量	符合第二章“投标人须知”第1.3.3项规定
		投标有效期	符合第二章“投标人须知”第3.3.1项规定
		投标保证金	符合第二章“投标人须知”第3.4.1项规定
		权利义务	符合第四章“合同条款及格式”规定
		已标价工程量清单	符合第五章“工程量清单”给出的范围及数量
		技术标准和要求	符合第七章“技术标准和要求”规定
		……	……

续表

条款号	条款内容	编列内容
2.2.1	分值构成 （总分100分）	施工组织设计：＿＿＿＿＿分 项目管理机构：＿＿＿＿＿分 投标报价：＿＿＿＿＿＿分 其他评分因素：＿＿＿＿＿分
2.2.2	评标基准价 计算方法	
2.2.3	投标报价 的偏差率 计算公式	偏差率＝100%×（投标人报价－评标基准价）/评标基准价

条款号		评分因素	评分标准
2.2.4 （1）	施工组织设计评分标准	内容完整性和编制水平	……
		施工方案与技术措施	……
		质量管理体系与措施	……
		安全管理体系与措施	……
		环境保护管理体系与措施	……
		工程进度计划与措施	……
		资源配备计划	……
		……	……
2.2.4 （2）	项目管理机构评分标准	项目经理任职资格与业绩	……
		其他主要人员	……
		……	……
2.2.4 （3）	投标报价评分标准	偏差率	……
		……	……
2.2.4 （4）	其他因素评分标准	……	……

1. 评标方法

本次评标采用综合评估法。评标委员会对满足招标文件实质性要求的投标文件，按照本章第2.2款规定的评分标准进行打分，并按得分由高到低顺序推荐中标候选人，或根据招标人授权直接确定中标人，但投标报价低于其成本的除外。综合评分相等时，以投标报价低的优先；投标报价也相等的，由招标人或其授权的评标委员会自行确定。

2. 评审标准

2.1 初步评审标准

2.1.1 形式评审标准：见评标办法前附表。

2.1.2 资格评审标准：见评标办法前附表。

2.1.3 响应性评审标准：见评标办法前附表。

2.2 分值构成与评分标准

2.2.1 分值构成

（1）施工组织设计：见评标办法前附表；

（2）项目管理机构：见评标办法前附表；

（3）投标报价：见评标办法前附表；

（4）其他评分因素：见评标办法前附表。

2.2.2 评标基准价计算

评标基准价计算方法：见评标办法前附表。

2.2.3 投标报价的偏差率计算

投标报价的偏差率计算公式：见评标办法前附表。

2.2.4 评分标准

（1）施工组织设计评分标准：见评标办法前附表；

（2）项目管理机构评分标准：见评标办法前附表；

（3）投标报价评分标准：见评标办法前附表；

（4）其他因素评分标准：见评标办法前附表。

3. 评标程序

3.1 初步评审

3.1.1 评标委员会可以要求投标人提交第二章“投标人须知”第3.5.1项至第3.5.4项规定的有关证明和证件的原件，以便核验。评标委员会依据本章第2.1款规定的标准对投标文件进行初步评审。有一项不符合评审标准的，评标委员会应当否决其投标。

3.1.2 投标人有以下情形之一的，评标委员会应当否决其投标：

（1）第二章“投标人须知”第1.4.2项、第1.4.3项规定的任何一种情形的；

（2）串通投标或弄虚作假或有其他违法行为的；

（3）不按评标委员会要求澄清、说明或补正的。

3.1.3 投标报价有算术错误的，评标委员会按以下原则对投标报价进行修正，修正的价格经投标人书面确认后具有约束力。投标人不接受修正价格的，评标委员会应当否决其投标。

（1）投标文件中的大写金额与小写金额不一致的，以大写金额为准；

（2）总价金额与依据单价计算出的结果不一致的，以单价金额为准修正总价，但单价金额小数点有明显错误的除外。

3.2 详细评审

3.2.1 评标委员会按本章第2.2款规定的量化因素和分值进行打分，并计算出综合评估得分。

（1）按本章第2.2.4（1）目规定的评审因素和分值对施工组织设计计算出得分A；

（2）按本章第2.2.4（2）目规定的评审因素和分值对项目管理机构计算出得分B；

（3）按本章第2.2.4（3）目规定的评审因素和分值对投标报价计算出得分C；

（4）按本章第2.2.4（4）目规定的评审因素和分值对其他部分计算出得分D。

3.2.2 评分分值计算保留小数点后两位，小数点后第三位“四舍五入”。

3.2.3 投标人得分 = A + B + C + D。

3.2.4 评标委员会发现投标人的报价明显低于其他投标报价，或者在设有标底时明显低于标底，使得其投标报价可能低于其个别成本的，应当要求该投标人作出书面说明并提供相应的证明材料。投标人不能合理说明或者不能提供相应证明材料的，评标委员会应当认定该投标人以低于成本报价竞标，否决其投标。

3.3 投标文件的澄清和补正

3.3.1 在评标过程中，评标委员会可以书面形式要求投标人对所提交投标文件中不明确的内容进行书面澄清或说明，或者对细微偏差进行补正。评标委员会不接受投标人主动提出的澄清、说明或补正。

3.3.2　澄清、说明和补正不得改变投标文件的实质性内容。投标人的书面澄清、说明和补正属于投标文件的组成部分。

3.3.3　评标委员会对投标人提交的澄清、说明或补正有疑问的，可以要求投标人进一步澄清、说明或补正，直至满足评标委员会的要求。

3.4　评标结果

3.4.1　除第二章“投标人须知”前附表授权直接确定中标人外，评标委员会按照得分由高到低的顺序推荐中标候选人。

3.4.2　评标委员会完成评标后，应当向招标人提交书面评标报告。

第四章　合同条款及格式

第一节　通用合同条款

通用合同条款

1. 一般约定

1.1　词语定义

通用合同条款、专用合同条款中的下列词语应具有本款所赋予的含义。

1.1.1　合同

1.1.1.1　合同文件（或称合同）：指合同协议书、中标通知书、投标函及投标函附录、专用合同条款、通用合同条款、技术标准和要求、图纸、已标价工程量清单，以及其他合同文件。

1.1.1.2　合同协议书：指第1.5款所指的合同协议书。

1.1.1.3　中标通知书：指发包人通知承包人中标的函件。中标通知书随附的澄清、说明、补正事项纪要等，是中标通知书的组成部分。

1.1.1.4　投标函：指构成合同文件组成部分的由承包人填写并签署的投标函。

1.1.1.5　投标函附录：指附在投标函后构成合同文件的投标函附录。

1.1.1.6　技术标准和要求：指构成合同文件组成部分的名为技术标准和要求的文件，以及合同双方当事人约定对其所作的修改或补充。

1.1.1.7　图纸：指包含在合同中的工程图纸，以及由发包人按合同约定提供的任何补充和修改的图纸，包括配套的说明。

1.1.1.8　已标价工程量清单：指构成合同文件组成部分的由承包人按照规定的格式和要求填写并标明价格的工程量清单。

1.1.1.9　其他合同文件：指经合同双方当事人确认构成合同文件的其他文件。

1.1.2　合同当事人和人员

1.1.2.1　合同当事人：指发包人和（或）承包人。

1.1.2.2　发包人：指专用合同条款中指明并与承包人在合同协议书中签字的当事人。

1.1.2.3　承包人：指与发包人签订合同协议书的当事人。

1.1.2.4　承包人项目经理：指承包人派驻施工场地的全权负责人。

1.1.2.5　监理人：指在专用合同条款中指明的，受发包人委托对合同履行实施管理的法人或其他组织。属于国家强制监理的，监理人应当具有相应的监理资质。

1.1.2.6 总监理工程师（总监）：指由监理人委派常驻施工场地对合同履行实施管理的全权负责人。

1.1.3 工程和设备

1.1.3.1 工程：指永久工程和（或）临时工程。

1.1.3.2 工程设备：指构成或计划构成永久工程一部分的机电设备、仪器装置、运载工具及其他类似的设备和装置。

1.1.3.3 施工场地（或称工地、现场）：指用于合同工程施工的场所，以及在合同中指定作为施工场地组成部分的其他场所，包括永久占地和临时占地。

1.1.4 日期

1.1.4.1 开工通知：指监理人按第6.2款通知承包人开工的函件。

1.1.4.2 开工日期：指监理人按第6.2款发出的开工通知中写明的开工日期。

1.1.4.3 工期：指承包人在投标函中承诺的完成合同工程所需的期限，包括按第6.3款、第6.4款约定所作的变更。

1.1.4.4 竣工日期：指第1.1.4.3目约定工期届满时的日期。实际竣工日期以工程接收证书中写明的日期为准。

1.1.4.5 缺陷责任期：指履行第12.1款约定的缺陷责任的期限，具体期限由专用合同条款约定。

1.1.4.6 天：除特别指明外，指日历天。合同中按天计算时间的，开始当天不计入，从次日开始计算。期限最后一天的截止时间为当天24：00。

1.1.5 合同价格和费用

1.1.5.1 签约合同价：指签定合同时合同协议书中写明的，包括了暂列金额的合同总金额。

1.1.5.2 合同价格：指承包人按合同约定完成了包括缺陷责任期内的全部承包工作后，发包人应付给承包人的金额，包括在履行合同过程中按合同约定进行的变更和调整。

1.1.5.3 费用：指为履行合同所发生的或将要发生的所有合理开支，包括管理费和应分摊的其他费用，但不包括利润。

1.1.5.4 暂列金额：指已标价工程量清单中所列的暂列金额，用于在签订协议书时尚未确定或不可预见变更的施工及其所需材料、工程设备、服务等的金额，包括以计日工方式支付的金额。

1.1.5.5 计日工：指对零星工作采取的一种计价方式，按合同中的计日工子目及其单价计价付款。

1.1.5.6　质量保证金（或称保留金）：指按第 10.4 款约定用于保证在缺陷责任期内履行缺陷修复义务的金额。

1.1.6　其他

1.1.6.1　书面形式：指合同文件、信函、电报、传真、电子数据交换和电子邮件等可以有形地表现所载内容的形式。

1.2　语言文字

合同使用的语言文字为中文。专用术语使用外文的，应附有中文注释。

1.3　法律

适用于合同的法律包括中华人民共和国法律、行政法规、部门规章，以及工程所在地的地方法规、自治条例、单行条例和地方政府规章。

1.4　合同文件的优先顺序

组成合同的各项文件应互相解释，互为说明。除专用合同条款另有约定外，解释合同文件的优先顺序如下：

（1）合同协议书；

（2）中标通知书；

（3）投标函及投标函附录；

（4）专用合同条款；

（5）通用合同条款；

（6）技术标准和要求；

（7）图纸；

（8）已标价工程量清单；

（9）其他合同文件。

1.5　合同协议书

承包人按中标通知书规定的时间与发包人签订合同协议书。除法律另有规定或合同另有约定外，发包人和承包人的法定代表人或其委托代理人在合同协议书上签字并盖单位章后，合同生效。

1.6　图纸和承包人文件

1.6.1　发包人提供的图纸

除专用合同条款另有约定外，图纸应在合理的期限内按照合同约定的数量提供给承包人。

1.6.2　承包人提供的文件

按专用合同条款约定由承包人提供的文件，包括部分工程的大样图、加工图等，承包人应按约定的数量和期限报送监理人。监理人应在专用合同条款约定的期限内批复。

1.7 联络

与合同有关的通知、批准、证明、证书、指示、要求、请求、同意、意见、确定和决定等重要文件，均应采用书面形式。

按合同约定应当由监理人审核、批准、确认或者提出修改意见的承包人的要求、请求、申请和报批等，监理人在合同约定的期限内未回复的，视同认可，合同中未明确约定回复期限的，其相应期限均为收到相关文件后7天。

2. 发包人义务

2.1 遵守法律

发包人在履行合同过程中应遵守法律，并保证承包人免于承担因发包人违反法律而引起的任何责任。

2.2 发出开工通知

发包人应委托监理人按第6.2款的约定向承包人发出开工通知。

2.3 提供施工场地

发包人应按专用合同条款约定向承包人提供施工场地，以及施工场地内地下管线和地下设施等有关资料，并保证资料的真实、准确、完整。

2.4 协助承包人办理证件和批件

发包人应协助承包人办理法律规定的有关施工证件和批件。

2.5 组织设计交底

发包人应根据合同进度计划，组织设计单位向承包人进行设计交底。

2.6 支付合同价款

发包人应按合同约定向承包人及时支付合同价款。

2.7 组织竣工验收

发包人应按合同约定及时组织竣工验收。

2.8 其他义务

发包人应履行合同约定的其他义务。

3. 监理人

3.1 监理人的职责和权力

3.1.1 监理人受发包人委托，享有合同约定的权力，其所发出的任何指示应视为已得到发包人的批准。监理人在行使某项权力前需要经发包人事先批准而通用合同条款没有指明的，应在专用合同条款中指明。未经发包人批准，监理人无权修改合同。

3.1.2 合同约定应由承包人承担的义务和责任，不因监理人对承包人文件的审查或批准，对工程、材料和工程设备的检查和检验，以及为实施监理作出的指示等职务行为而减轻或解除。

3.2　总监理工程师

发包人应在发出开工通知前将总监理工程师的任命通知承包人。

3.3　监理人员

3.3.1　总监理工程师可以授权其他监理人员负责执行其指派的一项或多项监理工作。总监理工程师应将被授权监理人员的姓名及其授权范围通知承包人。被授权的监理人员在授权范围内发出的指示视为已得到总监理工程师的同意，与总监理工程师发出的指示具有同等效力。总监理工程师撤销某项授权时，应将撤销授权的决定及时通知发包人和承包人。

3.3.2　监理人员对承包人文件、工程或其采用的材料和工程设备未在约定的或合理的期限内提出否定意见的，视为已获批准，但不影响监理人在以后拒绝该项工作、工程、材料或工程设备的权利，监理人的拒绝应当符合法律规定和合同约定。

3.3.3　承包人对总监理工程师授权的监理人员发出的指示有疑问的，可在该指示发出的48小时内向总监理工程师提出书面异议，总监理工程师应在48小时内对该指示予以确认、更改或撤销。

3.3.4　除专用合同条款另有约定外，总监理工程师不应将第3.5款约定应由总监理工程师作出确定的权力授权或委托给其他监理人员。

3.4　监理人的指示

3.4.1　监理人应按第3.1款的约定向承包人发出指示，监理人的指示应盖有监理人授权的施工场地机构章，并由总监理工程师或总监理工程师按第3.3.1项约定授权的监理人员签字。

3.4.2　承包人收到监理人按第3.4.1项作出的指示后应遵照执行。指示构成变更的，应按第9条处理。

3.4.3　在紧急情况下，总监理工程师或被授权的监理人员可以当场签发临时书面指示，承包人应遵照执行。承包人应在收到上述临时书面指示后24小时内，向监理人发出书面确认函。监理人在收到书面确认函后24小时内未予答复的，该书面确认函应被视为监理人的正式指示。

3.4.4　除合同另有约定外，承包人只从总监理工程师或按第3.3.1项被授权的监理人员处取得指示。

3.4.5　由于监理人未能按合同约定发出指示、指示延误或指示错误而导致承包人费用增加和（或）工期延误的，由发包人承担赔偿责任。

3.5 商定或确定

3.5.1 合同约定总监理工程师应按照本款对任何事项进行商定或确定时，总监理工程师应与合同当事人协商，尽量达成一致。不能达成一致的，总监理工程师应认真研究后审慎确定。

3.5.2 总监理工程师应将商定或确定的事项通知合同当事人，并附详细依据。对总监理工程师的确定有异议的，构成争议，按照第17条的约定处理。在争议解决前，双方应暂按总监理工程师的确定执行，按照第17条的约定对总监理工程师的确定作出修改的，按修改后的结果执行。

4. 承包人

4.1 承包人的一般义务

4.1.1 承包人应按合同约定以及监理人根据第3.4款作出的指示，实施、完成全部工程，并修补工程中的任何缺陷。

4.1.2 除合同另有约定外，承包人应提供为按照合同完成工程所需的劳务、材料、施工设备、工程设备和其他物品，以及按合同约定的临时设施等。

4.1.3 承包人应对所有现场作业、所有施工方法和全部工程的完备性、稳定性和安全性负责。

4.1.4 承包人应按照法律规定和合同约定，负责施工场地及其周边环境与生态的保护工作。

4.1.5 工程接收证书颁发前，承包人应负责照管和维护工程。工程接收证书颁发时尚有部分未竣工工程的，承包人还应负责该未竣工工程的照管和维护工作，直至竣工后移交给发包人为止。

4.1.6 承包人应履行合同约定的其他义务。

4.2 履约担保

4.2.1 承包人应保证其履约担保在发包人颁发工程接收证书前一直有效。发包人应在工程接收证书颁发后28天内把履约担保退还给承包人。

4.2.2 如工程延期，承包人有义务继续提供履约担保。由于发包人原因导致延期的，继续提供履约担保所需的费用由发包人承担；由于承包人原因导致延期的，继续提供履约担保所需费用由承包人承担。

4.3 承包人项目经理

承包人应按合同约定指派项目经理，并在约定的期限内到职。承包人项目经理应按合同约定以及监理人按第3.4款作出的指示，负责组织合同工程的实施。承包人为履行合同发出的一切函件均应盖有承包人授权的施工场地管理机构章，并由承包人项目经理或其授权代表签字。

4.4　工程价款应专款专用

发包人按合同约定支付给承包人的各项价款应专用于合同工程。

4.5　不利物质条件

4.5.1　不利物质条件，除专用合同条款另有约定外，是指承包人在施工场地遇到的不可预见的自然物质条件、非自然的物质障碍和污染物，包括地下和水文条件，但不包括气候条件。

4.5.2　承包人遇到不利物质条件时，应采取适应不利物质条件的合理措施继续施工，并及时通知监理人，通知应载明不利物质条件的内容以及承包人认为不可预见的理由。监理人应当及时发出指示，指示构成变更的，按第9条约定执行。监理人没有发出指示的，承包人因采取合理措施而增加的费用和（或）工期延误，由发包人承担。

5. 施工控制网

5.1　发包人应在专用合同条款约定的期限内，通过监理人向承包人提供测量基准点、基准线和水准点及其书面资料。除专用合同条款另有约定外，承包人应根据国家测绘基准、测绘系统和工程测量技术规范，按上述基准点（线）以及合同工程精度要求，测设施工控制网，并在专用合同条款约定的期限内，将施工控制网资料报送监理人审批。

5.2　承包人应负责管理施工控制网点。施工控制网点丢失或损坏的，承包人应及时修复。承包人应承担施工控制网点的管理与修复费用，并在工程竣工后将施工控制网点移交发包人。

6. 工期

6.1　进度计划

承包人应按照专用合同条款约定的时间，向监理人提交进度计划。经监理人审批后的进度计划具有合同约束力，承包人应当严格执行。实际进度与进度计划不符时，监理人应当指示承包人对进度计划进行修订，重新提交给监理人审批。

6.2　工程实施

监理人应在开工日期7天前向承包人发出开工通知。承包人应在第1.1.4.3目约定的期限内完成合同工程。实际竣工日期在接收证书中写明。

6.3　发包人引起的工期延误

在履行合同过程中，由于发包人的下列原因造成工期延误的，承包人有权要求发包人延长工期和（或）增加费用，并支付合理利润。需要修订合同进度计划的，按照第6.1款的约定执行。

（1）增加合同工作内容；

（2）改变合同中任何一项工作的质量要求或其他特性；

（3）发包人迟延提供材料、工程设备或变更交货地点；

（4）因发包人原因导致的暂停施工；

（5）提供图纸延误；

（6）未按合同约定及时支付预付款、进度款；

（7）发包人造成工期延误的其他原因。

6.4 异常恶劣的气候条件

由于出现专用合同条款约定的异常恶劣气候导致工期延误的，承包人有权要求发包人延长工期。

6.5 承包人引起的工期延误

由于承包人原因造成工期延误，承包人应按照专用合同条款中约定的逾期竣工违约金计算方法和最高限额，支付逾期竣工违约金。承包人支付逾期竣工违约金，不免除承包人完成工程及修补缺陷的义务。

7. 工程质量

7.1 工程质量要求

工程质量验收按照合同约定的验收标准执行。

7.2 监理人的质量检查

监理人有权对工程的所有部位及其施工工艺、材料和工程设备进行检查和检验。监理人的检查和检验，不免除承包人按合同约定应负的责任。

7.3 工程隐蔽部位覆盖前的检查

经承包人自检确认的工程隐蔽部位具备覆盖条件后，承包人应通知监理人在约定的期限内检查。监理人应按时到场检查。监理人未到场检查的，除监理人另有指示外，承包人可自行完成覆盖工作。无论监理人是否到场检查，对已覆盖的工程隐蔽部位，监理人可要求承包人对已覆盖的部位进行钻孔探测或重新检验，承包人应遵照执行，并在检验后重新覆盖恢复原状。经检验证明工程质量符合合同要求的，由发包人承担由此增加的费用和（或）工期延误，并支付承包人合理利润；经检验证明工程质量不符合合同要求的，由此增加的费用和（或）工期延误，由承包人承担。

承包人未通知监理人到场检查，私自将工程隐蔽部位覆盖的，监理人有权指示承包人钻孔探测或揭开检查，无论工程隐蔽部位质量是否合格，由此增加的费用和（或）工期延误由承包人承担。

7.4 清除不合格工程

由于承包人的材料、工程设备，或采用施工工艺不符合合同要求造成的任何缺陷，监理人可以随时发出指示，要求承包人立即采取措施进行补救，直至达到合同要求的质量标准，由此增加的费用和（或）工期延误由承包人承担。

8. 试验和检验

8.1 材料、工程设备和工程的试验和检验

8.1.1 承包人应按合同约定进行材料、工程设备和工程的试验和检验，并为监理人对上述材料、工程设备和工程的质量检查提供必要的试验资料和原始记录。按合同约定应由监理人与承包人共同进行试验和检验的，由承包人负责提供必要的试验资料和原始记录。

8.1.2 监理人未按合同约定派员参加试验和检验的，除监理人另有指示外，承包人可自行试验和检验，并应立即将试验和检验结果报送监理人，监理人应签字确认。

8.1.3 监理人对承包人的试验和检验结果有疑问的，或为查清承包人试验和检验成果的可靠性要求承包人重新试验和检验的，可按合同约定由监理人与承包人共同进行。重新试验和检验的结果证明该项材料、工程设备或工程的质量不符合合同要求的，由此增加的费用和（或）工期延误由承包人承担；重新试验和检验结果证明该项材料、工程设备和工程符合合同要求，由发包人承担由此增加的费用和（或）工期延误，并支付承包人合理利润。

8.2 现场材料试验

8.2.1 承包人根据合同约定或监理人指示进行的现场材料试验，应由承包人提供试验场所、试验人员、试验设备器材以及其他必要的试验条件。

8.2.2 监理人在必要时可以使用承包人的试验场所、试验设备器材以及其他试验条件，进行以工程质量检查为目的的复核性材料试验，承包人应予以协助。

9. 变更

9.1 变更权

在履行合同过程中，经发包人同意，监理人可按第 9.2 款约定的变更程序向承包人作出变更指示，承包人应遵照执行。

9.2 变更程序

承包人应在收到变更指示 14 天内，向监理人提交变更报价书。监理人应审查，并在收到承包人变更报价书后 14 天内，与发包人和承包人共同商定此

估价。在未达成协议的情况下，监理人应确定该估价。

9.3 变更的估价原则

除专用合同条款另有约定外，因变更引起的价格调整按照本款约定处理：

（1）已标价工程量清单中有适用于变更工作的子目的，采用该子目的单价；

（2）已标价工程量清单中无适用于变更工作的子目，但有类似子目的，可在合理范围内参照类似项目，由监理人按第3.5款商定或确定变更工作的单价；

（3）已标价工程量清单中无适用或类似子目的单价，可按照成本加利润的原则，由监理人按第3.5款商定或确定变更工作的单价。

9.4 暂列金额

暂列金额只能按照监理人的指示使用，并对合同价格进行相应调整。

9.5 计日工

9.5.1 发包人认为有必要时，由监理人通知承包人以计日工方式实施变更的零星工作。其价款按列入已标价工程量清单中的计日工计价子目及其单价进行计算。

9.5.2 采用计日工计价的任何一项变更工作，应从暂列金额中支付，承包人应在该项变更的实施过程中，每天提交以下报表和有关凭证报送监理人审批：

（1）工作名称、内容和数量；

（2）投入该工作所有人员的姓名、工种、级别和耗用工时；

（3）投入该工作的材料类别和数量；

（4）投入该工作的施工设备型号、台数和耗用台时；

（5）监理人要求提交的其他资料和凭证。

9.5.3 计日工由承包人汇总后，按第10.3款的约定列入进度付款申请单，由监理人复核并经发包人同意后列入进度付款。

10. 计量与支付

10.1 计量

除专用合同条款另有约定外，承包人应根据有合同约束力的进度计划，按月分解签约合同价，形成支付分解报告，送监理人批准后成为有合同约束力的支付分解表，按有合同约束力的支付分解表分期计量和支付；支付分解表应随进度计划的修订而调整；除按照第9条约定的变更外，签约合同价所基于的工程量即是用于竣工结算的最终工程量。

10.2　预付款

预付款用于承包人为合同工程施工购置材料、工程设备、施工设备、修建临时设施以及组织施工队伍进场等。预付款的额度、预付办法，以及扣回与还清办法在专用合同条款中约定。预付款必须专用于合同工程。

10.3　工程进度付款

承包人应在第10.1款约定的支付分解表确定的每个付款周期末，按监理人批准的格式和专用合同条款约定的份数，向监理人提交进度付款申请单，并附相应的支持性证明文件。除专用合同条款另有约定外，进度付款申请单应包括下列内容：

（1）截至本次付款周期末已实施工程的合同价款；

（2）根据第9条应增加和扣减的变更金额；

（3）根据第16条应增加和扣减的索赔金额；

（4）根据第10.2款应支付的预付款和扣减的返还预付款；

（5）根据第10.4款应扣减的质量保证金；

（6）根据合同应增加和扣减的其他金额。

监理人应在收到承包人进度付款申请单以及相应的支持性证明文件后的7天内完成核查，并向承包人出具经发包人签认的付款证书。发包人应在监理人收到进度付款申请单的14天内将进度应付款支付给承包人。涉及政府投资资金的，按照国库集中支付等国家相关规定和专用合同条款的约定执行。

10.4　质量保证金

监理人应从第一个付款周期开始，在发包人的进度付款中，按专用合同条款的约定扣留质量保证金，直至扣留的质量保证金总额达到专用合同条款约定的金额或比例为止。

在专用合同条款约定的缺陷责任期满时，承包人向发包人申请到期应返还承包人剩余的质量保证金金额，发包人应在14天内会同承包人按照合同约定的内容核实承包人是否完成缺陷责任，并将无异议的剩余质量保证金返还承包人。

10.5　竣工结算

10.5.1　除专用合同条款另有约定外，竣工结算价格不因物价波动和法律变化而调整。

10.5.2　工程接收证书颁发后，承包人应按专用合同条款约定的份数和期限向监理人提交竣工付款申请单，并提供相关证明材料。监理人应当在收到竣工结算申请单的7天内完成核查、准备竣工付款证书并送发包人审核，发包人应在收到后14天内提出具体意见或签认竣工付款证书，并在监理人收到竣工结算申请单的28天内将应付款支付给承包人。发包人未在约定时间内审核并提出具体意见或者签认竣工付款证书的，视为同意承包人提出的竣工付款金额。

10.5.3 竣工付款涉及政府投资资金的，按照国库集中支付等国家相关规定和专用合同条款的约定执行。

10.6 付款延误

发包人不按期支付的，按专用合同条款的约定支付逾期付款违约金。

11. 竣工验收

11.1 竣工验收的含义

11.1.1 竣工验收是指承包人完成了全部合同工作后，发包人按合同要求进行的验收。

11.1.2 需要进行国家验收的，竣工验收是国家验收的一部分。竣工验收所采用的各项验收和评定标准应符合国家验收标准。发包人和承包人为竣工验收提供的各项竣工验收资料应符合国家验收的要求。

11.2 竣工验收申请报告

当工程具备竣工条件时，承包人即可向监理人报送竣工验收申请报告。

11.3 竣工和验收

监理人审查后认为具备竣工验收条件的，提请发包人进行工程验收。发包人经过验收后同意接收工程的，由监理人向承包人出具经发包人签认的工程接收证书。

除专用合同条款另有约定外，经验收合格工程的实际竣工日期，以提交竣工验收申请报告的日期为准，并在工程接收证书中写明。

11.4 试运行

除专用合同条款另有约定外，承包人应按专用合同条款约定进行工程及工程设备试运行，负责提供试运行所需的人员、器材和必要的条件，并承担全部试运行费用。

11.5 竣工清场

除合同另有约定外，工程接收证书颁发后，承包人应对施工场地进行清理，直至监理人检验合格为止。竣工清场费用由承包人承担。

12. 缺陷责任与保修责任

12.1 缺陷责任

缺陷责任自实际竣工日期起计算。在缺陷责任期内，已交付的工程由于承包人的材料、设备或工艺不符合合同要求所产生的缺陷，修补费用由承包人承担。由于承包人原因造成某项缺陷或损坏使某项工程或工程设备不能按原定目标使用而需要再次检查、检验和修复的，发包人有权要求承包人相应延长缺陷责任期，但缺陷责任期最长不超过 2 年。

12.2 保修责任

合同当事人根据有关法律规定，在专用合同条款中约定工程质量保修范围、期限和责任。保修期自实际竣工日期起计算。

13. 保险

13.1 保险范围

13.1.1 承包人按照专用合同条款的约定向双方同意的保险人投保建筑工程一切险或安装工程一切险等保险。具体的投保险种、保险范围、保险金额、保险费率、保险期限等有关内容应当在专用合同条款中明确约定。

13.1.2 承包人应依照有关法律规定参加工伤保险和人身意外伤害险，为其履行合同所雇佣的全部人员，缴纳工伤保险费和人身意外伤害险费。

13.1.3 发包人应依照有关法律规定参加工伤保险和人身意外伤害险，为其现场机构雇佣的全部人员，缴纳工伤保险费和人身意外伤害险费，并要求其监理人也进行此类保险。

13.2 未办理保险

13.2.1 由于负有投保义务的一方当事人未按合同约定办理保险，或未能使保险持续有效的，另一方当事人可代为办理，所需费用由对方当事人承担。

13.2.2 由于负有投保义务的一方当事人未按合同约定办理某项保险，导致受益人未能得到保险人的赔偿，原应从该项保险得到的保险金应由负有投保义务的一方当事人支付。

14. 不可抗力

14.1 不可抗力的确认

14.1.1 不可抗力是指承包人和发包人在订立合同时不可预见，在履行合同过程中不可避免发生并不能克服的自然灾害和社会性突发事件，如地震、海啸、瘟疫、水灾、骚乱、暴动、战争和专用合同条款约定的其他情形。

14.1.2 不可抗力发生后，发包人和承包人应及时认真统计所造成的损失，收集不可抗力造成损失的证据。合同双方对是否属于不可抗力或其损失的意见不一致的，由监理人按第 3.5 款商定或确定。发生争议时，按第 17 条的约定执行。

14.2 不可抗力的通知

合同一方当事人遇到不可抗力事件，使其履行合同义务受到阻碍时，应立即通知合同另一方当事人和监理人，书面说明不可抗力和受阻碍的详细情况，并提供必要的证明。如不可抗力持续发生，合同一方当事人应及时向合同另一方当事人和监理人提交中间报告，说明不可抗力和履行合同受阻的情况，并于不可抗力事件结束后14天内提交最终报告及有关资料。

14.3 不可抗力后果及其处理

除专用合同条款另有约定外，不可抗力导致的人员伤亡、财产损失、费用增加和（或）工期延误等后果，由合同双方按以下原则承担：

（1）永久工程，包括已运至施工场地的材料和工程设备的损害，以及因工程损害造成的第三者人员伤亡和财产损失由发包人承担；

（2）承包人设备的损坏由承包人承担；

（3）发包人和承包人各自承担其人员伤亡和其他财产损失及其相关费用；

（4）承包人的停工损失由承包人承担，但停工期间应监理人要求照管工程和清理、修复工程的金额由发包人承担；

（5）不能按期竣工的，应合理延长工期，承包人不需支付逾期竣工违约金。发包人要求赶工的，承包人应采取赶工措施，赶工费用由发包人承担。

15. 违约

15.1 承包人违约

15.1.1 如果承包人拒绝或未能遵守监理人的指示，或未能按合同进度计划及时完成合同约定的工作，已造成或预期造成工期延误，或违反合同不顾书面警告，监理人可发出通知，告知承包人违约。

15.1.2 如果承包人在收到监理人通知后21天内，没有采取可行的措施纠正违约，发包人可向承包人发出解除合同通知。发包人因继续完成该工程的需要，有权扣留使用承包人在现场的材料、设备和临时设施。但发包人的这一行动不免除承包人应承担的违约责任，也不影响发包人根据合同约定享有的索赔权利。

15.2 发包人违约

15.2.1 如果发包人未能按合同付款，或违反合同不顾书面警告，承包人可发出通知，告知发包人违约。如果发包人在收到该通知后14天内未纠正违约，承包人可暂停工作或放慢工作进度。

15.2.2 如果发包人收到承包人通知后28内未纠正违约，承包人可向发包人发出解除合同通知。合同解除后，承包人应妥善做好已竣工工程和已购材料、设备的保护和移交工作，按发包人要求将承包人设备和人员撤出施工场地，同时发包人应为承包人的撤出提供必要条件，但承包人的这一行动不免除发包人应承担的违约责任，也不影响承包人根据合同约定享有的索赔权利。

16. 索赔

16.1　承包人索赔的提出

根据合同约定，承包人认为有权得到追加付款和（或）延长工期的，应按以下程序向发包人提出索赔：

（1）承包人应在知道或应当知道索赔事件发生后14天内，向监理人递交索赔通知书。索赔通知书应详细说明索赔理由以及要求追加的付款金额和（或）延长的工期，并附必要的记录和证明材料；

（2）索赔事件具有连续影响的，承包人应在索赔事件影响结束后的14天内，向监理人递交最终索赔通知书，说明最终要求索赔的追加付款金额和延长的工期，并附必要的记录和证明材料；

（3）承包人未在前述14天内递交索赔通知书的，丧失要求追加付款和（或）延长工期的权利。

16.2　承包人索赔处理程序

（1）监理人收到承包人提交的索赔通知书后，应按第3.5款商定或确定追加的付款和（或）延长的工期，并在收到上述索赔通知书或有关索赔的进一步证明材料后的14天内，将索赔处理结果答复承包人。

（2）承包人接受索赔处理结果的，发包人应在作出索赔处理结果答复后14天内完成赔付。承包人不接受索赔处理结果的，按第17条的约定执行。

16.3　承包人提出索赔的期限

承包人按第10.5款的约定接受了竣工付款证书后，应被认为已无权再提出在合同工程接收证书颁发前所发生的任何索赔。

16.4　发包人索赔的提出

根据合同约定，发包人认为有权得到追加付款和（或）延长工期的，应按以下程序向承包人提出索赔：

（1）监理人应在知道或应当知道索赔事件发生后14天内，向承包人递交索赔通知书。索赔通知书应详细说明索赔理由以及要求追加的付款金额和（或）延长的工期，并附必要的记录和证明材料；

（2）索赔事件具有连续影响的，监理人应在索赔事件影响结束后的14天内，向承包人递交最终索赔通知书，说明最终要求索赔的追加付款金额和延长的工期，并附必要的记录和证明材料。

16.5　发包人索赔处理程序

（1）承包人收到监理人提交的索赔通知书后，应按第3.5款商定或确定追加的付款和（或）延长的工期，并在收到上述索赔通知书或有关索赔的进一步证明材料后的14天内，将索赔处理结果答复监理人。

（2）监理人接受索赔处理结果的，承包人应在作出索赔处理结果答复后14天内完成赔付。监理人不接受索赔处理结果的，按第17条的约定执行。

17. 争议的解决

17.1　争议的解决方式

发包人和承包人在履行合同中发生争议的，可以友好协商解决或者提请争议评审组评审。合同当事人友好协商解决不成、不愿提请争议评审或者不接受争议评审组意见的，可在专用合同条款中约定下列一种方式解决：

（1）向约定的仲裁委员会申请仲裁；

（2）向有管辖权的人民法院提起诉讼。

17.2　友好解决

在提请争议评审、仲裁或者诉讼前，以及在争议评审、仲裁或诉讼过程中，发包人和承包人均可共同努力友好协商解决争议。

17.3　争议评审

17.3.1　采用争议评审的，发包人和承包人应当在专用合同条款中约定争议评审的程序和规则，并在开工日后的28天内或在争议发生后，协商成立争议评审组。

17.3.2　发包人和承包人接受评审意见的，由监理人根据评审意见拟定执行协议，经争议双方签字后作为合同的补充文件，并遵照执行。

17.3.3　发包人或承包人不接受评审意见，并要求提交仲裁或提起诉讼的，应在收到评审意见后的14天内将仲裁或起诉意向书面通知另一方，并抄送监理人，但在仲裁或诉讼结束前应暂按总监理工程师的确定执行。

第二节　专用合同条款

第三节　合同附件格式

附件一：合同协议书

合同协议书

________（发包人名称，以下简称“发包人”）为实施____________（项目名称），已接受________（承包人名称，以下简称“承包人”）对该项目的投标。发包人和承包人共同达成如下协议。

1. 本协议书与下列文件一起构成合同文件：

（1）中标通知书；

（2）投标函及投标函附录；

（3）专用合同条款；

（4）通用合同条款；

（5）技术标准和要求；

（6）图纸；

（7）已标价工程量清单；

（8）其他合同文件。

2. 上述文件互相补充和解释，如有不明确或不一致之处，以合同约定次序在先者为准。

3. 签约合同价：人民币（大写）________（¥________）。

4. 合同形式：________________。

5. 计划开工日期：______年______月______日；

计划竣工日期：______年______月______日；

工期：__________日历天。

6. 承包人项目经理：__________________。

7. 工程质量符合__________________标准。

8. 承包人承诺按合同约定承担工程的施工、竣工交付及缺陷修复。

9. 发包人承诺按合同约定的条件、时间和方式向承包人支付合同价款。

10. 本协议书一式____份，合同双方各执____份。

11. 合同未尽事宜，双方另行签订补充协议。补充协议是合同的组成部分。

发包人：____________（盖单位章）

法定代表人或其委托代理人：______（签字）

______年______月______日

承包人：____________（盖单位章）

法定代表人或其委托代理人：______（签字）

______年______月______日

附件二：履约担保格式

履约担保

________________（发包人名称）：

鉴于_________（发包人名称，以下简称“发包人”）接受________（承包人名称，以下称“承包人”）于______年______月______日参加_________（项目名称）的投标。我方愿意就承包人履行与你方订立的合同，向你方提供担保。

1. 担保金额人民币（大写）_________（¥ ________）。

2. 担保有效期自发包人与承包人签订的合同生效之日起至发包人签发工程接收证书之日止。

3. 在本担保有效期内，因承包人违反合同约定的义务给你方造成经济损失时，我方在收到你方以书面形式提出的在担保金额内的赔偿要求后，在7天内支付。

4. 发包人和承包人按《通用合同条款》第9条变更合同时，我方承担本担保规定的义务不变。

担 保 人：___________________（盖单位章）
法定代表人或其委托代理人：________（签字）
地　　址：_____________________________
邮政编码：_____________________________
电　　话：_____________________________
传　　真：_____________________________

______年______月______日

第五章 工程量清单

1. 工程量清单说明

1.1 本工程量清单是根据招标文件中包括的、有合同约束力的图纸以及有关工程量清单的国家标准、行业标准、合同条款中约定的工程量计算规则编制。约定计量规则中没有的子目，其工程量按照有合同约束力的图纸所标示尺寸的理论净量计算。计量采用中华人民共和国法定计量单位。

1.2 本工程量清单应与招标文件中的投标人须知、通用合同条款、专用合同条款、技术标准和要求及图纸等一起阅读和理解。

1.3 本工程量清单仅是投标报价的共同基础，实际工程计量和工程价款的支付应遵循合同条款的约定和第七章“技术标准和要求”的有关规定。

1.4 补充子目工程量计算规则及子目工作内容说明：______________。

2. 投标报价说明

2.1 工程量清单中的每一子目须填入单价或价格，且只允许有一个报价。

2.2 工程量清单中标价的单价或金额，应包括所需的人工费、材料和施工机具使用费和企业管理费、利润以及一定范围内的风险费用等。

2.3 工程量清单中投标人没有填入单价或价格的子目，其费用视为已分摊在工程量清单中其他相关子目的单价或价格之中。

2.4 暂列金额的数量及拟用子目的说明：

3. 其他说明

4. 工程量清单

4.1 工程量清单表

____________（项目名称）

序号	编码	子目名称	内容描述	单位	数量	单价	合价
本页报价合计：______________							

4.2 计日工表

4.2.1 劳务

编号	子目名称	单位	暂定数量	单价	合价
劳务小计金额：__________ （计入“计日工汇总表”）					

4.2.2 材料

编号	子目名称	单位	暂定数量	单价	合价
材料小计金额：__________ （计入“计日工汇总表”）					

4.2.3 施工机械

编号	子目名称	单位	暂定数量	单价	合价
施工机械小计金额：__________ （计入“计日工汇总表”）					

4.2.4 计日工汇总表

名称	金额	备注
劳务		
材料		
施工机械		
计日工总计：__________ （计入“投标报价汇总表”）		

4.3　投标报价汇总表

__________（项目名称）

汇总内容	金额	备注
……		
……		
……		
……		
……		
……		
……		
……		
……		
……		
……		
……		
……		
……		
清单小计　A		
暂列金额　E		
包含在暂列金额中的计日工　D		
规费　G		
税金　H		
投标报价　$P=A+E+G+H$		

4.4 工程量清单单价分析表

序号	编码	子目名称	人工费			材料费						机械使用费	其他	管理费	利润	单价
						主材				辅材费	金额					
			工日	单价	金额	主材耗量	单位	单价	主材费							

第六章 图 纸

1. 图纸目录

序号	图名	图号	版本	出图日期	备注

2. 图纸

第七章　技术标准和要求

第八章 投标文件格式

__________________（项目名称）

投标文件

投标人：_________________________（盖单位章）

法定代表人或其委托代理人：_______（签字）

_______年_______月_______日

目　　录

一、投标函及投标函附录

（一）投标函

____________________（招标人名称）：

1. 我方已仔细研究了________（项目名称）招标文件的全部内容，愿意以人民币（大写）__________（¥__________）的投标总报价，工期_______日历天，按合同约定实施和完成承包工程，修补工程中的任何缺陷，工程质量达到___________。

2. 我方承诺在招标文件规定的投标有效期内不修改、撤销投标文件。

3. 随同本投标函提交投标保证金一份，金额为人民币（大写）________（¥__________）。

4. 如我方中标：

（1）我方承诺在收到中标通知书后，在中标通知书规定的期限内与你方签订合同。

（2）随同本投标函递交的投标函附录属于合同文件的组成部分。

（3）我方承诺按照招标文件规定向你方递交履约担保。

（4）我方承诺在合同约定的期限内完成并移交全部合同工程。

5. 我方在此声明，所递交的投标文件及有关资料内容完整、真实和准确，且不存在第二章“投标人须知”第1.4.2项和第1.4.3项规定的任何一种情形。

6. ______________________（其他补充说明）。

投标人：____________________（盖单位章）
法定代表人或其委托代理人：______（签字）
地址：______________________________
网址：______________________________
电话：______________________________
传真：______________________________
邮政编码：__________________________

______年______月______日

（二）投标函附录

序号	条款名称	合同条款号	约定内容	备注
1	项目经理	1.1.2.4	姓名：________________	
2	工期	1.1.4.3	天数：__________日历天	
3	缺陷责任期	1.1.4.5		
……	……	……	……	
……	……	……	……	
……	……	……	……	
……	……	……	……	
……	……	……	……	

二、法定代表人身份证明

投标人名称：＿＿＿＿＿＿＿＿＿＿＿＿＿

单位性质：＿＿＿＿＿＿＿＿＿＿＿＿＿＿

地址：＿＿＿＿＿＿＿＿＿＿＿＿＿＿＿＿

成立时间：＿＿＿＿年＿＿＿＿月＿＿＿＿日

经营期限：＿＿＿＿＿＿＿＿＿＿＿＿＿＿

姓名：＿＿＿＿性别：＿＿＿＿年龄：＿＿＿＿职务：＿＿＿＿

系＿＿＿＿＿＿＿＿＿＿＿＿（投标人名称）的法定代表人。

特此证明。

投标人：＿＿＿＿＿＿＿＿＿（盖单位章）

＿＿＿年＿＿＿月＿＿＿日

二、授权委托书

本人________（姓名）系________（投标人名称）的法定代表人，现委托________（姓名）为我方代理人。代理人根据授权，以我方名义签署、澄清、说明、补正、递交、撤回、修改________（项目名称）投标文件、签订合同和处理有关事宜，其法律后果由我方承担。

委托期限：____________。

代理人无转委托权。

附：法定代表人身份证明

投 标 人：__________________（盖单位章）

法定代表人：______________________（签字）

身份证号码：____________________________

委托代理人：______________________（签字）

身份证号码：____________________________

_____年_____月_____日

三、投标保证金

__________（招标人名称）：

鉴于_____（投标人名称）（以下称“投标人”）于____年_____月_____日参加__________（项目名称）的投标，__________（担保人名称，以下简称“我方”）保证：投标人在规定的投标文件有效期内撤销或修改其投标文件的，或者投标人在收到中标通知书后无正当理由拒签合同或拒交规定履约担保的，我方承担保证责任。收到你方书面通知后，在7日内向你方支付人民币（大写）________。

本保函在投标有效期内保持有效。要求我方承担保证责任的通知应在投标有效期内送达我方。

担保人名称：_______________（盖单位章）
法定代表人或其委托代理人：________（签字）
地　　址：__________________________
邮政编码：__________________________
电　　话：__________________________
传　　真：__________________________

_____年_____月_____日

四、已标价工程量清单

五、施工组织设计

1. 投标人编制施工组织设计的要求：编制时应简明扼要地说明施工方法，工程质量、安全生产、文明施工、环境保护、冬雨季施工、工程进度、技术组织等主要措施。用图表形式阐明本项目的施工总平面、进度计划以及拟投入主要施工设备、劳动力、项目管理机构等。

2. 图表及格式要求：

附表一　拟投入的主要施工设备表

附表二　劳动力计划表

附表三　进度计划

附表四　施工总平面图

附表一：拟投入本项目的主要施工设备表

序号	设备名称	型号规格	数量	国别产地	制造年份	额定功率（kW）	生产能力	用于施工部位	备注

附表二：劳动力计划表

单位：人

工种	按工程施工阶段投入劳动力情况						

附表三：进度计划

1. 投标人应递交施工进度网络图或施工进度表，说明按招标文件要求的计划工期进行施工的各个关键日期。

2. 施工进度表可采用网络图或横道图表示。

附表四：施工总平面图

投标人应递交一份施工总平面图，绘出现场临时设施布置图表，并注明临时设施、加工车间、现场办公、设备及仓储、供电、供水、卫生、生活、道路、消防等设施的情况和布置。

六、项目管理机构

（一）项目管理机构组成表

职务	姓名	职称	执业或职业资格证明					备注
			证书名称	级别	证号	专业	养老保险	

（二）项目经理简历表

应附注册建造师执业资格证书、身份证、职称证、学历证、养老保险复印件，管理过的项目业绩须附合同协议书复印件。

<table>
<tr><td>姓名</td><td></td><td>年龄</td><td></td><td>学历</td><td></td></tr>
<tr><td>职　称</td><td></td><td>职务</td><td></td><td>拟在本合同任职</td><td></td></tr>
<tr><td>毕业学校</td><td colspan="5">年毕业于　　　　学校　　　　专业</td></tr>
<tr><td colspan="6">主要工作经历</td></tr>
</table>

时间	参加过的类似项目	担任职务	发包人及联系电话

七、资格审查资料

(一) 投标人基本情况表

<table>
<tr><td>投标人名称</td><td colspan="7"></td></tr>
<tr><td>注册地址</td><td colspan="4"></td><td>邮政编码</td><td colspan="2"></td></tr>
<tr><td rowspan="2">联系方式</td><td>联系人</td><td colspan="3"></td><td>电话</td><td colspan="2"></td></tr>
<tr><td>传真</td><td colspan="3"></td><td>网址</td><td colspan="2"></td></tr>
<tr><td>组织结构</td><td colspan="7"></td></tr>
<tr><td>法定代表人</td><td>姓名</td><td></td><td colspan="2">技术职称</td><td></td><td>电话</td><td></td></tr>
<tr><td>技术负责人</td><td>姓名</td><td></td><td colspan="2">技术职称</td><td></td><td>电话</td><td></td></tr>
<tr><td>成立时间</td><td colspan="2"></td><td colspan="5">员工总人数：</td></tr>
<tr><td>企业资质等级</td><td colspan="2"></td><td rowspan="5">其中</td><td colspan="2">项目经理</td><td colspan="2"></td></tr>
<tr><td>营业执照号</td><td colspan="2"></td><td colspan="2">高级职称人员</td><td colspan="2"></td></tr>
<tr><td>注册资金</td><td colspan="2"></td><td colspan="2">中级职称人员</td><td colspan="2"></td></tr>
<tr><td>开户银行</td><td colspan="2"></td><td colspan="2">初级职称人员</td><td colspan="2"></td></tr>
<tr><td>账号</td><td colspan="2"></td><td colspan="2">技工</td><td colspan="2"></td></tr>
<tr><td>经营范围</td><td colspan="7"></td></tr>
<tr><td>备注</td><td colspan="7"></td></tr>
</table>

（二）近年财务状况表

（三）近年完成的类似项目情况表

项目名称	
项目所在地	
发包人名称	
发包人地址	
发包人电话	
合同价格	
开工日期	
竣工日期	
承担的工作	
工程质量	
项目经理	
技术负责人	
项目描述	
备注	

（四）正在实施的和新承接的项目情况表

项目名称	
项目名称	
项目所在地	
发包人名称	
发包人地址	
发包人电话	
签约合同价	
开工日期	
计划竣工日期	
承担的工作	
工程质量	
项目经理	
技术负责人	
项目描述	
备注	

（五）其他资格审查资料

附件二：

中华人民共和国
标准设计施工总承包招标文件
（2012 年版）

使用说明

一、《标准设计施工总承包招标文件》适用于设计施工一体化的总承包招标。

二、《标准设计施工总承包招标文件》用相同序号标示的章、节、条、款、项、目，供招标人和投标人选择使用；以空格标示的由招标人填写的内容，招标人应根据招标项目具体特点和实际需要具体化，确实没有需要填写的，在空格中用“/”标示。

三、招标人按照《标准设计施工总承包招标文件》第一章的格式发布招标公告或发出投标邀请书后，将实际发布的招标公告或实际发出的投标邀请书编入出售的招标文件中，作为投标邀请。其中，招标公告应同时注明发布所在的所有媒介名称。

四、《标准设计施工总承包招标文件》第三章“评标办法”分别规定综合评估法和经评审的最低投标价法两种评标方法，供招标人根据招标项目具体特点和实际需要选择适用。招标人选择适用综合评估法的，各评审因素的评审标准、分值和权重等由招标人自主确定。国务院有关部门对各评审因素的评审标准、分值和权重等有规定的，从其规定。

第三章“评标办法”前附表应列明全部评审因素和评审标准，并在本章前附表标明投标人不满足要求即否决其投标的全部条款。

五、《标准设计施工总承包招标文件》第五章“发包人要求”由招标人根据行业标准设计施工总承包招标文件（如有）、招标项目具体特点和实际需要编制，并与“投标人须知”、“通用合同条款”、“专用合同条款”相衔接。

六、采用电子招标投标的，招标人应按照国家有关规定，结合项目具体情况，在招标文件中载明相应要求。

七、《标准设计施工总承包招标文件》为2012年版，将根据实际执行过程中出现的问题及时进行修改。各使用单位或个人对《标准设计施工总承包招标文件》的修改意见和建议，可向编制工作小组反映。

________________（项目名称）设计施工总承包招标

招标文件

招标人：____________________（盖单位章）

______年______月______日

目　录

1.9　踏勘现场

1.10　投标预备会

1.11　分包

1.12　偏离

2. 招标文件

2.1　招标文件的组成

2.2　招标文件的澄清

2.3　招标文件的修改

3. 投标文件

3.1　投标文件的组成

3.2　投标报价

3.3　投标有效期

3.4　投标保证金

3.5　资格审查资料（适用于已进行资格预审的）

3.5　资格审查资料（适用于未进行资格预审的）

3.6　备选投标方案

3.7　投标文件的编制

4. 投标

4.1　投标文件的密封和标记

4.2　投标文件的递交

4.3　投标文件的修改与撤回

5. 开标

5.1　开标时间和地点

5.2　开标程序

5.3　开标异议

6. 评标

6.1　评标委员会

6.2　评标原则

6.3　评标

7. 合同授予

7.1　定标方式

7.2　中标候选人公示

7.3　中标通知

3.3　监理人员
3.4　监理人的指示
3.5　商定或确定
4. 承包人
4.1　承包人的一般义务
4.2　履约担保
4.3　分包和不得转包
4.4　联合体
4.5　承包人项目经理
4.6　承包人人员的管理
4.7　撤换承包人项目经理和其他人员
4.8　保障承包人人员的合法权益
4.9　工程价款应专款专用
4.10　承包人现场查勘
4.11　不可预见物质条件（A）
4.11　不可预见的困难和费用（B）
4.12　进度计划
4.13　质量保证
5. 设计
5.1　承包人的设计义务
5.2　承包人设计进度计划
5.3　设计审查
5.4　培训
5.5　竣工文件
5.6　操作和维修手册
5.7　承包人文件错误
6. 材料和工程设备
6.1　承包人提供的材料和工程设备
6.2　发包人提供的材料和工程设备（A）
6.2　发包人提供的材料和工程设备（B）
6.3　专用于工程的材料和工程设备
6.4　实施方法
6.5　禁止使用不合格的材料和工程设备

7. 施工设备和临时设施
   7.1　承包人提供的施工设备和临时设施
   7.2　发包人提供的施工设备和临时设施（A）
   7.2　发包人提供的施工设备和临时设施（B）
   7.3　要求承包人增加或更换施工设备
   7.4　施工设备和临时设施专用于合同工程
8. 交通运输
   8.1　道路通行权和场外设施（A）
   8.1　道路通行权和场外设施（B）
   8.2　场内施工道路
   8.3　场外交通
   8.4　超大件和超重件的运输
   8.5　道路和桥梁的损坏责任
   8.6　水路和航空运输
9. 测量放线
   9.1　施工控制网
   9.2　施工测量
   9.3　基准资料错误的责任
   9.4　监理人使用施工控制网
10. 安全、治安保卫和环境保护
   10.1　发包人的安全责任
   10.2　承包人的安全责任
   10.3　治安保卫
   10.4　环境保护
   10.5　事故处理
11. 开始工作和竣工
   11.1　开始工作
   11.2　竣工
   11.3　发包人引起的工期延误
   11.4　异常恶劣的气候条件
   11.5　承包人引起的工期延误
   11.6　工期提前
   11.7　行政审批迟延
12. 暂停工作
   12.1　由发包人暂停工作

18.6　施工期运行
18.7　竣工清场
18.8　施工队伍的撤离
18.9　竣工后试验（A）
18.9　竣工后试验（B）
19. 缺陷责任与保修责任
19.1　缺陷责任期的起算时间
19.2　缺陷责任
19.3　缺陷责任期的延长
19.4　进一步试验和试运行
19.5　承包人的进入权
19.6　缺陷责任期终止证书
19.7　保修责任
20. 保险
20.1　设计和工程保险
20.2　工伤保险
20.3　人身意外伤害险
20.4　其他保险
20.5　对各项保险的一般要求
21. 不可抗力
21.1　不可抗力的确认
21.2　不可抗力的通知
21.3　不可抗力后果及其处理
22. 违约
22.1　承包人违约
22.2　发包人违约
22.3　第三人造成的违约
23. 索赔
23.1　承包人索赔的提出
23.2　承包人索赔处理程序
23.3　承包人提出索赔的期限
23.4　发包人的索赔
24. 争议的解决
24.1　争议的解决方式
24.2　友好解决
24.3　争议评审

第一卷

第一章　招标公告（未进行资格预审）

________（项目名称）设计施工总承包招标公告

1. 招标条件

本招标项目__________（项目名称）已由__________（项目审批、核准或备案机关名称）以__________（批文名称及编号）批准建设，项目业主为__________，建设资金来自__________（资金来源），项目出资比例为__________，招标人为__________。项目已具备招标条件，现对该项目的设计施工总承包进行公开招标。

2. 项目概况与招标范围

__________________（说明本次招标项目的建设地点、规模、计划工期、招标范围等）。

3. 投标人资格要求

3.1　本次招标要求投标人须具备________资质，________业绩，并在人员、设备、资金等方面具有相应的设计、施工能力。

3.2　本次招标__________（接受或不接受）联合体投标。联合体投标的，应满足下列要求：__________________。

4. 招标文件的获取

4.1　凡有意参加投标者，请于______年______月______日至______年______月______日，每日上午______时至______时，下午______时至______时（北京时间，下同），在__________________（详细地址）持单位介绍信购买招标文件。

4.2　招标文件每套售价______元，售后不退。技术资料押金______元，在退还技术资料时退还（不计利息）。

4.3　邮购招标文件的，需另加手续费（含邮费）______元。招标人在收到单位介绍信和邮购款（含手续费）后______日内寄送。

5. 投标文件的递交

5.1　投标文件递交的截止时间（投标截止时间，下同）为______年

______月______日______时______分，地点为______。

5.2　逾期送达的或者未送达指定地点的投标文件，招标人不予受理。

6. 发布公告的媒介

本次招标公告同时在____________（发布公告的媒介名称）上发布。

7. 联系方式

招 标 人：__________________	招标代理机构：__________________
地　　址：__________________	地　　址：__________________
邮　　编：__________________	邮　　编：__________________
联 系 人：__________________	联 系 人：__________________
电　　话：__________________	电　　话：__________________
传　　真：__________________	传　　真：__________________
电子邮件：__________________	电子邮件：__________________
网　　址：__________________	网　　址：__________________
开户银行：__________________	开户银行：__________________
账　　号：__________________	账　　号：__________________

______年______月______日

第一章　投标邀请书（适用于邀请招标）

________（项目名称）设计施工总承包投标邀请书

__________（被邀请单位名称）：

1. 招标条件

本招标项目___________（项目名称）已由___________（项目审批、核准或备案机关名称）以___________（批文名称及编号）批准建设，项目业主为___________，建设资金来自___________（资金来源），出资比例为___________，招标人为___________。项目已具备招标条件，现邀请你单位参加___________（项目名称）设计施工总承包投标。

2. 项目概况与招标范围

____________________（说明本次招标项目的建设地点、规模、计划工期、招标范围等）。

3. 投标人资格要求

3.1　本次招标要求投标人具备______资质，______业绩，并在人员、设备、资金等方面具有承担本项目设计、施工的能力。

3.2　被邀请单位______（可以或不可以）组成联合体投标。联合体投标的，应满足下列要求：____________________。

4. 招标文件的获取

4.1　请于______年______月______日至______年______月______日，每天上午_______时至_______时，下午______时至______时（北京时间，下同），在______（详细地址）持投标邀请书购买招标文件。

4.2　招标文件每套售价________元，售后不退。技术资料押金________元，在退还技术资料时退还（不计利息）。

4.3　邮购招标文件的，需另加手续费（含邮费）________元。招标人在收到邮购款和技术资料押金（含手续费）后________日内寄送。

5. 投标文件的递交

5.1　投标文件递交的截止时间（投标截止时间，下同）为______年

______月______日______时______分，地点为______________。

5.2 逾期送达的或者未送达指定地点的投标文件，招标人不予受理。

6. 确认

你单位收到本邀请书后，请于__________（具体时间）前以传真或快递方式予以确认是否参加投标。

7. 联系方式

招 标 人：__________________	招标代理机构：__________________
地　　址：__________________	地　　址：__________________
邮　　编：__________________	邮　　编：__________________
联 系 人：__________________	联 系 人：__________________
电　　话：__________________	电　　话：__________________
传　　真：__________________	传　　真：__________________
电子邮件：__________________	电子邮件：__________________
网　　址：__________________	网　　址：__________________
开户银行：__________________	开户银行：__________________
账　　号：__________________	账　　号：__________________

______年______月______日

第一章　投标邀请书（代资格预审通过通知书）

________（项目名称）设计施工总承包投标邀请书

______________（被邀请单位名称）：

你单位已通过资格预审，现邀请你单位按招标文件规定的内容，参加________（项目名称）设计施工总承包投标。

请你单位于_____年_____月_____日至_____年_____月_____日，每天上午_____时至_____时，下午_____时至_____时（北京时间，下同），在_____（详细地址）持本投标邀请书购买招标文件。

招标文件每套售价为_____元，售后不退。技术资料押金_____元，在退还技术资料时退还（不计利息）。邮购招标文件的，需另加手续费（含邮费）_____元。招标人在收到邮购款和技术资料押金（含手续费）后_____日内寄送。

递交投标文件的截止时间（投标截止时间，下同）为_____年_____月_____日_____时_____分，地点为__________。

逾期送达的或者未送达指定地点的投标文件，招标人不予受理。

你单位收到本邀请书后，请于_____（具体时间）前以传真或快递方式予以确认是否参加投标。

招 标 人：______________
地　　址：______________
邮　　编：______________
联 系 人：______________
电　　话：______________
传　　真：______________
电子邮件：______________
网　　址：______________
开户银行：______________
账　　号：______________

招标代理机构：______________
地　　址：______________
邮　　编：______________
联 系 人：______________
电　　话：______________
传　　真：______________
电子邮件：______________
网　　址：______________
开户银行：______________
账　　号：______________

_____年_____月_____日

附件：确认通知

确认通知

_____________（招标人名称）：

我方已于______年______月______日收到你方______年______月______日发出的______（项目名称）关于______的通知，并确认__________（参加/不参加）投标。

特此确认。

被邀请单位名称：________________（盖单位章）
法定代表人：__________________（签字）

______年______月______日

第二章　投标人须知

投标人须知前附表

条款号	条款名称	编列内容
1.1.2	招标人	名称： 地址： 联系人： 电话：
1.1.3	招标代理机构	名称： 地址： 联系人： 电话：
1.1.4	项目名称	
1.1.5	建设地点	
1.2.1	资金来源及比例	
1.2.2	资金落实情况	
1.3.1	招标范围	
1.3.2	计划工期	计划工期：________日历天 计划开工日期：____年____月____日 计划竣工日期：____年____月____日
1.3.3	质量标准	设计要求的质量标准： 施工要求的质量标准：
1.4.1	投标人资质条件、能力和信誉	资质条件： 财务要求： 设计业绩要求： 施工业绩要求： 信誉要求： 项目经理的资格要求： 设计负责人的资格要求： 施工负责人的资格要求： 施工机械设备： 项目管理机构及人员： 其他要求：
1.4.2	是否接受联合体投标	□不接受 □接受，应满足下列要求：

续表

条款号	条款名称	编列内容
1.5	费用承担和设计成果补偿	□不补偿 □补偿，补偿标准：
1.9.1	踏勘	□不组织 □组织，踏勘时间： 踏勘集中地点：
1.10.1	投标预备会	□不召开 □召开，召开时间： 召开地点：
1.10.2	投标人提出问题的截止时间	
1.10.3	招标人书面澄清的时间	
1.11.1	招标人规定由分包人承担的工作	
1.11.2	投标人拟分包的工作	□不允许 □允许，分包内容要求： 分包金额要求： 对分包人的资质要求：
1.12	偏离	□不允许 □允许，允许偏离的内容、偏离范围和幅度
2.1	构成招标文件的其他材料	
2.2.1	投标人要求澄清招标文件的截止时间	
2.2.2	投标截止时间	
2.2.3	投标人确认收到招标文件澄清的时间	
2.3.2	投标人确认收到招标文件修改的时间	
3.1.1	构成投标文件的其他材料	
3.2.4	最高投标限价或其计算方法	
3.2.5	投标报价的其他要求	
3.3.1	投标有效期	
3.4.1	投标保证金	投标保证金的形式： 投标保证金的金额：
3.5.2	近年财务状况	__年__月__日至　__年__月__日
3.5.3	近年完成的类似项目	__年__月__日至　__年__月__日

续表

条款号	条款名称	编列内容
3. 5. 5	近年发生的重大诉讼及仲裁情况	_年_月_日至　_年_月_日
3. 6	是否允许递交备选投标方案	□不允许 □允许
3. 7. 3	签字或盖章要求	
3. 7. 4	投标文件副本份数	______份
3. 7. 5	装订要求	
4. 1. 2	封套上应载明的信息	招标人的地址： 招标人名称： ______（项目名称）投标文件 在____年____月____日____时前不得开启
4. 2. 2	递交投标文件地点	
4. 2. 3	是否退还投标文件	□否 □是
5. 1	开标时间和地点	开标时间：同投标截止时间 开标地点：
5. 2	开标程序	密封情况检查： 开标顺序：
6. 1. 1	评标委员会的组建	评标委员会构成：____人 其中招标人代表__人，专家__人； 评标专家确定方式：
7. 1	是否授权评标委员会确定中标人	□是 □否，推荐的中标候选人数：
7. 2	中标候选人公示媒介	
7. 4. 1	履约担保	履约担保的形式： 履约担保的金额：
9	**需要补充的其他内容**	
10	电子招标投标	□否 □是，具体要求：
	……	……

1. 总则

1.1 项目概况

1.1.1 根据《中华人民共和国招标投标法》等有关法律、法规和规章的规定，本招标项目已具备招标条件，现对该项目设计施工进行总承包招标。

1.1.2 招标人：见投标人须知前附表。

1.1.3 招标代理机构：见投标人须知前附表。

1.1.4 招标项目名称：见投标人须知前附表。

1.1.5 项目建设地点：见投标人须知前附表。

1.2 项目的资金来源和落实情况

1.2.1 资金来源及比例：见投标人须知前附表。

1.2.2 资金落实情况：见投标人须知前附表。

1.3 招标范围、计划工期和质量标准

1.3.1 招标范围：见投标人须知前附表。

1.3.2 计划工期：见投标人须知前附表。

1.3.3 质量标准：见投标人须知前附表。

1.4 投标人资格要求（适用于已进行资格预审的）

投标人应是收到招标人发出投标邀请书的单位。

1.4 投标人资格要求（适用于未进行资格预审的）

1.4.1 投标人应具备承担本招标项目资质条件、能力和信誉。

（1）资质要求：见投标人须知前附表；

（2）财务要求：见投标人须知前附表；

（3）业绩要求：见投标人须知前附表；

（4）信誉要求：见投标人须知前附表；

（5）项目经理的资格要求：应当具备工程设计类或者工程施工类注册执业资格，具体要求见投标人须知前附表；

（6）设计负责人的资格要求：应当具备工程设计类注册执业资格，具体要求见投标人须知前附表；

（7）施工负责人的资格要求：应当具备工程施工类注册执业资格，具体要求见投标人须知前附表；

（8）施工机械设备：见投标人须知前附表；

（9）项目管理机构及人员：见投标人须知前附表；

（10）其他要求：见投标人须知前附表。

1.4.2 投标人须知前附表规定接受联合体投标的，除应符合本章第

1.4.1 项和投标人须知前附表的要求外，还应遵守以下规定：

（1）联合体各方应按招标文件提供的格式签订联合体协议书，明确联合体牵头人和各方权利义务；

（2）由同一专业的单位组成的联合体，按照资质等级较低的单位确定资质等级；

（3）联合体各方不得再以自己名义单独或参加其他联合体在本招标项目中投标。

1.4.3　投标人不得存在下列情形之一：

（1）为招标人不具有独立法人资格的附属机构（单位）；

（2）为招标项目前期工作提供咨询服务的；

（3）为本招标项目的监理人；

（4）为本招标项目的代建人；

（5）为本招标项目提供招标代理服务的；

（6）被责令停业的；

（7）被暂停或取消投标资格的；

（8）财产被接管或冻结的；

（9）在最近三年内有骗取中标或严重违约或重大工程质量问题的；

（10）与本招标项目的监理人或代建人或招标代理机构同为一个法定代表人的；

（11）与本招标项目的监理人或代建人或招标代理机构相互控股或参股的；

（12）与本招标项目的监理人或代建人或招标代理机构相互任职或工作的。

1.4.4　单位负责人为同一人或者存在控股、管理关系的不同单位，不得同时参加本招标项目投标。

1.5　费用承担和设计成果补偿

1.5.1　投标人准备和参加投标活动发生的费用自理。

1.5.2　招标人对符合招标文件规定的未中标人的设计成果进行补偿的，按投标人须知前附表规定给予补偿，并有权免费使用未中标人设计成果。

1.6　保密

参与招标投标活动的各方应对招标文件和投标文件中的商业和技术等秘密保密，否则应承担相应的法律责任。

1.7　语言文字

招标投标文件使用的语言文字为中文。专用术语使用外文的，应附有中文注释。

1.8　计量单位

所有计量均采用中华人民共和国法定计量单位。

1.9　踏勘现场

1.9.1　投标人须知前附表规定组织踏勘现场的，招标人按投标人须知前附表规定的时间、地点组织投标人踏勘项目现场。

1.9.2　投标人踏勘现场发生的费用自理。

1.9.3　除招标人的原因外，投标人自行负责在踏勘现场中所发生的人员伤亡和财产损失。

1.9.4　招标人在踏勘现场中介绍的工程场地和相关的周边环境情况，供投标人在编制投标文件时参考，招标人不对投标人据此作出的判断和决策负责。

1.10　投标预备会

1.10.1　投标人须知前附表规定召开投标预备会的，招标人按投标人须知前附表规定的时间和地点召开投标预备会，澄清投标人提出的问题。

1.10.2　投标人应在投标人须知前附表规定的时间前，以书面形式将提出的问题送达招标人，以便招标人在会议期间澄清。

1.10.3　投标预备会后，招标人在投标人须知前附表规定的时间内，将对投标人所提问题的澄清，以书面形式通知所有购买招标文件的投标人。该澄清内容为招标文件的组成部分。

1.11　分包

1.11.1　投标人须知前附表规定应当由分包人实施的非主体、非关键性工作，投标人应当按照第五章“发包人要求”的规定提供分包人侯选名单及其相应资料。

1.11.2　投标人拟在中标后将中标项目的部分非主体、非关键性工作进行分包的，应符合投标人须知前附表规定的分包内容、分包金额和资质要求等限制性条件。

1.12　偏离

投标人须知前附表允许投标文件偏离招标文件某些要求的，偏离应当符合招标文件规定的偏离范围和幅度。

2. 招标文件

2.1　招标文件的组成

本招标文件包括：

（1）招标公告（或投标邀请书）；

（2）投标人须知；

（3）评标办法；

（4）合同条款及格式；

（5）发包人要求；

（6）发包人提供的资料和条件；

（7）投标文件格式；

（8）投标人须知前附表规定的其他资料。

根据本章第1.10款、第2.2款和第2.3款对招标文件所作的澄清、修改，构成招标文件的组成部分。

2.2 招标文件的澄清

2.2.1 投标人应仔细阅读和检查招标文件的全部内容。如发现缺页或附件不全，应及时向招标人提出，以便补齐。如有疑问，应在投标人须知前附表规定的时间前以书面形式（包括信函、电报、传真等可以有形地表现所载内容的形式，下同），要求招标人对招标文件予以澄清。

2.2.2 招标文件的澄清以书面形式发给所有购买招标文件的投标人，但不指明澄清问题的来源。澄清发出的时间距投标人须知前附表规定的投标截止时间不足15天的，并且澄清内容影响投标文件编制的，将相应延长投标截止时间。

2.2.3 投标人在收到澄清后，应在投标人须知前附表规定的时间内以书面形式通知招标人，确认已收到该澄清。

2.3 招标文件的修改

2.3.1 招标人可以书面形式修改招标文件，并通知所有已购买招标文件的投标人。修改招标文件的时间距投标人须知前附表规定的投标截止时间不足15天的，并且澄清内容影响投标文件编制的，将相应延长投标截止时间。

2.3.2 投标人收到修改内容后，应在投标人须知前附表规定的时间内以书面形式通知招标人，确认已收到该修改。

3. 投标文件

3.1 投标文件的组成

3.1.1 投标文件应包括下列内容：

（1）投标函及投标函附录；

（2）法定代表人身份证明或附有法定代表人身份证明的授权委托书；

（3）联合体协议书；

（4）投标保证金；

（5）价格清单；

（6）承包人建议书；

（7）承包人实施计划；

（8）资格审查资料；

（9）投标人须知前附表规定的其他资料。

3.1.2　投标人须知前附表规定不接受联合体投标的，或投标人没有组成联合体的，投标文件不包括本章第3.1.1（3）目所指的联合体协议书。

3.2　投标报价

3.2.1　投标人应按第七章“投标文件格式”的要求填写价格清单。

3.2.2　投标人应充分了解施工场地的位置、周边环境、道路、装卸、保管、安装限制以及影响投标报价的其他要素。投标人根据投标设计，结合市场情况进行投标报价。

3.2.3　投标人在投标截止时间前修改投标函中的投标报价总额，应同时修改投标文件“价格清单”中的相应报价，投标报价总额为各分项金额之和。此修改须符合本章第4.3款的有关要求。

3.2.4　招标人设有最高投标限价的，投标人的投标报价不得超过最高投标限价，最高投标限价或其计算方法在投标人须知前附表中载明。

3.2.5　投标报价的其他要求见投标人须知前附表。

3.3　投标有效期

3.3.1　除投标人须知前附表另有规定外，投标有效期为120天。

3.3.2　在投标有效期内，投标人撤销或修改其投标文件的，应承担招标文件和法律规定的责任。

3.3.3　出现特殊情况需要延长投标有效期的，招标人以书面形式通知所有投标人延长投标有效期。投标人同意延长的，应相应延长其投标保证金的有效期，但不得要求或被允许修改或撤销其投标文件；投标人拒绝延长的，其投标失效，但投标人有权收回其投标保证金。

3.4　投标保证金

3.4.1　投标人在递交投标文件的同时，应按投标人须知前附表规定的金额、担保形式和第七章“投标文件格式”规定的投标保证金格式递交投标保证金，并作为其投标文件的组成部分。联合体投标的，其投标保证金由牵头人递交，并应符合投标人须知前附表的规定。

3.4.2　投标人不按本章第3.4.1项要求提交投标保证金的，评标委员会将否决其投标。

3.4.3　招标人与中标人签订合同后5日内，向未中标的投标人和中标人退还投标保证金及同期银行存款利息。

3.4.4　有下列情形之一的，投标保证金将不予退还：

（1）投标人在规定的投标有效期内撤销或修改其投标文件；

（2）中标人在收到中标通知书后，无正当理由拒签合同或未按招标文件规定提交履约担保。

3.5　资格审查资料（适用于已进行资格预审的）

投标人在递交投标文件前，发生可能影响其投标资格的新情况的，应更新或补充其在申请资格预审时提供的资料，以证实其各项资格条件仍能继续满足资格预审文件的要求，且没有实质性降低。

3.5　资格审查资料（适用于未进行资格预审的）

3.5.1　"投标人基本情况表"应附投标人营业执照及其年检合格的证明材料、资质证书副本等材料的复印件。

3.5.2　"近年财务状况表"应附经会计师事务所或审计机构审计的财务会计报表，包括资产负债表、现金流量表、利润表和财务情况说明书等复印件，具体年份要求见投标人须知前附表。

3.5.3　"近年完成的类似设计施工总承包项目情况表"应附中标通知书和（或）合同协议书、工程接收证书（工程竣工验收证书）复印件；或"近年完成的类似工程设计项目情况表"应附中标通知书和（或）合同协议书、发包人出具的证明文件；"近年完成的类似施工项目情况表"应附中标通知书和（或）合同协议书、工程接收证书（工程竣工验收证书）复印件。具体年份要求见投标人须知前附表，每张表格只填写一个项目，并标明序号。

3.5.4　"正在实施和新承接的项目情况表"应附中标通知书和（或）合同协议书复印件。每张表格只填写一个项目，并标明序号。

3.5.5　"近年发生的重大诉讼及仲裁情况"应说明相关情况，并附法院或仲裁机构作出的判决、裁决等有关法律文书复印件，具体年份要求见投标人须知前附表。

3.5.6　投标人须知前附表规定接受联合体投标的，本章第3.5.1项至第3.5.5项规定的表格和资料应包括联合体各方相关情况。

3.6　备选投标方案

除投标人须知前附表另有规定外，投标人不得递交备选投标方案。允许投标人递交备选投标方案的，只有中标人所递交的备选投标方案方可予以考虑。评标委员会认为中标人的备选投标方案优于其按照招标文件要求编制的投标方案的，招标人可以接受该备选投标方案。

3.7 投标文件的编制

3.7.1 投标文件应按第七章“投标文件格式”进行编写，如有必要，可以增加附页，作为投标文件的组成部分。其中，投标函附录在满足招标文件实质性要求的基础上，可以提出比招标文件要求更有利于招标人的承诺。

3.7.2 投标文件应当对招标文件有关招标范围、投标有效期、工期、质量标准、发包人要求等实质性内容作出响应。

3.7.3 投标文件应用不褪色的材料书写或打印，并由投标人的法定代表人或其授权的代理人签字或盖单位章。投标人的法定代表人授权代理人签字的，投标文件应附由法定代表人签署的授权委托书。投标文件应尽量避免涂改、行间插字或删除。如果出现上述情况，改动之处应加盖单位章或由投标人的法定代表人或其授权的代理人签字确认。签字或盖章的具体要求见投标人须知前附表。

3.7.4 投标文件正本一份，副本份数见投标人须知前附表。正本和副本的封面上应清楚地标记“正本”或“副本”的字样。当副本和正本不一致时，以正本为准。

3.7.5 投标文件的正本与副本应分别装订成册，具体装订要求见投标人须知前附表规定。

4. 投标

4.1 投标文件的密封和标记

4.1.1 投标文件应进行包装、加贴封条，并在封套的封口处加盖投标人单位章。

4.1.2 投标文件封套上应写明的内容见投标人须知前附表。

4.1.3 未按本章第4.1.1项或第4.1.2项要求密封和加写标记的投标文件，招标人不予受理。

4.2 投标文件的递交

4.2.1 投标人应在第2.2.2项规定的投标截止时间前递交投标文件。

4.2.2 投标人递交投标文件的地点：见投标人须知前附表。

4.2.3 除投标人须知前附表另有规定外，投标人所递交的投标文件不予退还。

4.2.4 招标人收到投标文件后，向投标人出具签收凭证。

4.2.5 逾期送达的或者未送达指定地点的投标文件，招标人不予受理。

4.3 投标文件的修改与撤回

4.3.1 在本章第2.2.2项规定的投标截止时间前，投标人可以修改或撤回已递交的投标文件，但应以书面形式通知招标人。

4.3.2　投标人修改或撤回已递交投标文件的书面通知应按照本章第3.7.3项的要求签字或盖章。招标人收到书面通知后，向投标人出具签收凭证。

4.3.3　投标人撤回投标文件的，招标人自收到投标人书面撤回通知之日起5日内退还已收取的投标保证金。

4.3.4　修改的内容为投标文件的组成部分。修改的投标文件应按照本章第3条、第4条规定进行编制、密封、标记和递交，并标明“修改”字样。

5. 开标

5.1　开标时间和地点

招标人在本章第2.2.2项规定的投标截止时间（开标时间）和投标人须知前附表规定的地点公开开标，并邀请所有投标人的法定代表人或其委托代理人准时参加。

5.2　开标程序

主持人按下列程序进行开标：

（1）宣布开标纪律；

（2）公布在投标截止时间前递交投标文件的投标人名称，并点名确认投标人是否派人到场；

（3）宣布开标人、唱标人、记录人、监标人等有关人员姓名；

（4）按照投标人须知前附表规定检查投标文件的密封情况；

（5）按照投标人须知前附表的规定确定并宣布投标文件开标顺序；

（6）设有标底的，公布标底；

（7）按照宣布的开标顺序当众开标，公布投标人名称、项目名称、投标保证金的递交情况、投标报价、质量目标、工期及其他内容，并记录在案；

（8）规定最高投标限价计算方法的，计算并公布最高投标限价；

（9）投标人代表、招标人代表、监标人、记录人等有关人员在开标记录上签字确认；

（10）开标结束。

5.3　开标异议

投标人对开标有异议的，应当在开标现场提出，招标人当场作出答复，并制作记录。

6. 评标

6.1 评标委员会

6.1.1 评标由招标人依法组建的评标委员会负责。评标委员会由招标人或其委托的招标代理机构熟悉相关业务的代表，以及有关技术、经济等方面的专家组成。评标委员会成员人数以及技术、经济等方面专家的确定方式见投标人须知前附表。

6.1.2 评标委员会成员有下列情形之一的，应当回避：

（1）投标人或投标人主要负责人的近亲属；

（2）项目主管部门或者行政监督部门的人员；

（3）与投标人有经济利益关系，可能影响对投标公正评审的；

（4）曾因在招标、评标以及其他与招标投标有关活动中从事违法行为而受过行政处罚或刑事处罚的；

（5）与投标人有其他利害关系。

6.2 评标原则

评标活动遵循公平、公正、科学和择优的原则。

6.3 评标

评标委员会按照第三章“评标办法”规定的方法、评审因素、标准和程序对投标文件进行评审。第三章“评标办法”没有规定的方法、评审因素和标准，不作为评标依据。

7. 合同授予

7.1 定标方式

除投标人须知前附表规定评标委员会直接确定中标人外，招标人依据评标委员会推荐的中标候选人确定中标人，评标委员会推荐中标候选人的人数见投标人须知前附表。

7.2 中标候选人公示

招标人在投标人须知前附表规定的媒介公示中标候选人。

7.3 中标通知

在本章第3.3款规定的投标有效期内，招标人以书面形式向中标人发出中标通知书，同时将中标结果通知未中标的投标人。中标通知书按本章附表格式填写。

7.4 履约担保

7.4.1 在签订合同前，中标人应按投标人须知前附表规定的担保形式和招标文件第四章“合同条款及格式”规定的或者事先经过招标人书面认可的履约担保格式向招标人提交履约担保。除投标人须知前附表另有规定外，履约担保金额为中标合同金额的10%。联合体中标的，其履约担保由联合体各方或者联合体中牵头人的名义提交。

7.4.2　中标人不能按本章第7.4.1项要求提交履约担保的，视为放弃中标，其投标保证金不予退还，给招标人造成的损失超过投标保证金数额的，中标人还应当对超过部分予以赔偿。

7.5　签订合同

7.5.1　招标人和中标人应当自中标通知书发出之日起30天内，根据招标文件和中标人的投标文件订立书面合同。中标人无正当理由拒签合同的，招标人取消其中标资格，其投标保证金不予退还；给招标人造成的损失超过投标保证金数额的，中标人还应当对超过部分予以赔偿。

7.5.2　发出中标通知书后，招标人无正当理由拒签合同的，招标人向中标人退还投标保证金；给中标人造成损失的，还应当赔偿损失。

8. 纪律和监督

8.1　对招标人的纪律要求

招标人不得泄漏招标投标活动中应当保密的情况和资料，不得与投标人串通损害国家利益、社会公共利益或者他人合法权益。

8.2　对投标人的纪律要求

投标人不得相互串通投标或者与招标人串通投标，不得向招标人或者评标委员会成员行贿谋取中标，不得以他人名义投标或者以其他方式弄虚作假骗取中标；投标人不得以任何方式干扰、影响评标工作。

8.3　对评标委员会成员的纪律要求

评标委员会成员不得收受他人的财物或者其他好处，不得向他人透漏对投标文件的评审和比较、中标候选人的推荐情况以及评标有关的其他情况。在评标活动中，评标委员会成员应当客观、公正地履行职责，遵守职业道德，不得擅离职守，影响评标程序正常进行，不得使用第三章“评标办法”没有规定的评审因素和标准进行评标。

8.4　对与评标活动有关的工作人员的纪律要求

与评标活动有关的工作人员不得收受他人的财物或者其他好处，不得向他人透漏对投标文件的评审和比较、中标候选人的推荐情况以及评标有关的其他情况。在评标活动中，与评标活动有关的工作人员不得擅离职守，影响评标程序正常进行。

8.5 投诉

投标人和其他利害关系人认为本次招标活动违反法律、法规和规章规定的，有权向有关行政监督部门投诉。

9. 需要补充的其他内容

需要补充的其他内容：见投标人须知前附表。

10. 电子招标投标

采用电子招标投标，对投标文件的编制、密封和标记、递交、开标、评标等具体要求，见投标人须知前附表。

附件一：开标记录表

________（项目名称）设计施工总承包招标开标记录表

开标时间：______年______月______日______时______分

序号	投标人	密封情况	投标保证金	投标报价（万元）	设计质量标准	施工质量标准	工期	备注	签名
招标人编制的标底/最高限价									

招标人代表：______记录人：______监标人：______

______年______月______日

附件二：问题澄清通知

问题澄清通知

编号：

_______________（投标人名称）：

_______________（项目名称）设计施工总承包招标的评标委员会，对你方的投标文件进行了仔细的审查，现需你方对下列问题以书面形式予以澄清：

1.

2.

……

请将上述问题的澄清于_____年_____月_____日_____时前递交至_________（详细地址）或传真至_______________（传真号码）。采用传真方式的，应在_____年_____月_____日_____时前将原件递交至_______________（详细地址）。

评标委员会授权的招标人或招标代理机构：__________

（签字或盖章）______________________________

_____年_____月_____日

附件三：问题的澄清

问题的澄清

编号：

______________（项目名称）设计施工总承包招标评标委员会：

问题澄清通知（编号：________________）已收悉，现澄清如下：

1.

2.

……

投标人：________________________（盖单位章）

法定代表人或其委托代理人：________（签字）

______年______月______日

附件四：中标通知书

中标通知书

____________________（中标人名称）：

你方于_____（投标日期）所递交的_________（项目名称）设计施工总承包招标的投标文件已被我方接受，被确定为中标人。

中标价：________元。

工期：_________日历天。

质量标准：__________________。

项目经理：____________（姓名）。

设计负责人：___________（姓名）。

施工负责人：___________（姓名）。

请你方在接到本通知书后的___日内到_________________（指定地点）与我方签订设计施工总承包合同，在此之前按招标文件第二章“投标人须知”第7.4款规定向我方提交履约担保。

随附的澄清、说明、补正事项纪要，是本中标通知书的组成部分。

特此通知。

附：澄清、说明、补正事项纪要

招标人：_____________（盖单位章）

法定代表人：___________（签字）

_____年_____月_____日

附件五：中标结果通知书

中标结果通知书

______________（未中标人名称）：

我方已接受____________________（中标人名称）于_________________（投标日期）所递交的________（项目名称）设计施工总承包招标的投标文件，确定________（中标人名称）为中标人。

感谢你单位对我们工作的大力支持！

招标人：________________________（盖单位章）

法定代表人：________________________（签字）

_____年_____月_____日

附件六：确认通知

确认通知

__________（招标人名称）：

你方于______年______月______日发出的__________（项目名称）关于__________________的通知，我方已于______年______月______日收到。

特此确认。

投标人：____________________（盖单位章）

______年______月______日

第三章　评标办法（综合评估法）

评标办法前附表

条款号		评审因素	评审标准
2.1.1	形式评审标准	投标人名称	与营业执照、资质证书一致
		投标函签字盖章	有法定代表人或其委托代理人签字或加盖单位章
		投标文件格式	符合第七章“投标文件格式”的要求
		联合体投标人	提交联合体协议书，并明确联合体牵头人
		报价唯一	只能有一个有效报价
		……	……
2.1.2	资格评审标准	营业执照	具备有效的营业执照
		资质等级	符合第二章“投标人须知”第1.4.1项规定
		财务状况	符合第二章“投标人须知”第1.4.1项规定
		类似项目业绩	符合第二章“投标人须知”第1.4.1项规定
		信誉	符合第二章“投标人须知”第1.4.1项规定
		项目经理	符合第二章“投标人须知”第1.4.1项规定
		设计负责人	符合第二章“投标人须知”第1.4.1项规定
		施工负责人	符合第二章“投标人须知”第1.4.1项规定
		施工机械设备	符合第二章“投标人须知”第1.4.1项规定
		项目管理机构及人员	符合第二章“投标人须知”第1.4.1项规定
2.1.2	资格评审标准	其他要求	符合第二章“投标人须知”第1.4.1项规定
		联合体投标人	符合第二章“投标人须知”第1.4.2项规定
		……	……
2.1.3	响应性评审标准	投标报价	符合第二章“投标人须知”第3.2.4项规定
		投标内容	符合第二章“投标人须知”第1.3.1项规定
		工期	符合第二章“投标人须知”第1.3.2项规定
		质量标准	符合第二章“投标人须知”第1.3.3项规定
		投标有效期	符合第二章“投标人须知”第3.3.1项规定
		投标保证金	符合第二章“投标人须知”第3.4款规定
		权利义务	符合第四章“合同条款及格式”规定的权利义务
		承包人建议	符合第五章“发包人要求”的规定
		……	……

续表

条款号	条款内容	编列内容
2.2.1	分值构成 （总分 100 分）	承包人建议书：______分 资信业绩部分：______分 承包人实施方案：______分 投标报价：______分 其他评分因素：______分
2.2.2	评标基准价 计算方法	
2.2.3	投标报价的偏 差率计算公式	偏差率 = 100% ×（投标人报价 − 评标基准价）/评标基准价

条款号		评分因素 （偏差率）	评分标准
2.2.4 （1）	承包人建议 书评分标准	图纸	……
		工程详细说明	……
		设备方案	……
		……	……
2.2.4 （2）	资信业绩 评分标准	信誉	……
		类似项目业绩	
		项目经理业绩	……
		设计负责人业绩	……
		施工负责人业绩	……
		其他主要 人员业绩	……
		……	……
2.2.4 （3）	承包人实施 方案评分标准	总体实施方案	……
		项目实施要点	……
		项目管理要点	……
		……	……
2.2.4 （4）	投标报价 评分标准	偏差率	……
		……	……
2.2.4 （5）	其他因素 评分标准	……	……
	……	……	……
3.2.1	设计 部分评审	……	……

1. 评标方法

本次评标采用综合评估法。评标委员会对满足招标文件实质性要求的投标文件，按照本章第2.2款规定的评分标准进行打分，并按得分由高到低顺序推荐中标候选人，或根据招标人授权直接确定中标人，但投标报价低于其成本的除外。综合评分相等时，以投标报价低的优先；投标报价也相等的，由招标人或者经招标人授权评标委员会自行确定。

2. 评审标准

2.1　初步评审标准

2.1.1　形式评审标准：见评标办法前附表。

2.1.2　资格评审标准：见评标办法前附表。

2.1.3　响应性评审标准：见评标办法前附表。

2.2　分值构成与评分标准

2.2.1　分值构成

（1）承包人建议书：见评标办法前附表；

（2）资信业绩部分：见评标办法前附表；

（3）承包人实施方案：见评标办法前附表；

（4）投标报价：见评标办法前附表；

（5）其他评分因素：见评标办法前附表。

2.2.2　评标基准价计算

评标基准价计算方法：见评标办法前附表。

2.2.3　投标报价的偏差率计算

投标报价的偏差率计算公式：见评标办法前附表。

2.2.4　评分标准

（1）承包人建议书评分标准：见评标办法前附表；

（2）资信业绩评分标准：见评标办法前附表；

（3）承包人实施方案评分标准：见评标办法前附表；

（4）投标报价评分标准：见评标办法前附表；

（5）其他因素评分标准：见评标办法前附表。

3. 评标程序

3.1　初步评审

3.1.1　评标委员会可以要求投标人提交第二章“投标人须知”第3.5.1

项至第3.5.5项规定的有关证明和证件的原件，以便核验。评标委员会依据本章第2.1款规定的标准对投标文件进行初步评审。有一项不符合评审标准的，评标委员会应当否决其投标。（适用于未进行资格预审的）

3.1.1　评标委员会依据本章第2.1.1项、第2.1.3项规定的评审标准对投标文件进行初步评审。有一项不符合评审标准的，评标委员会应当否决其投标。当投标人资格预审申请文件的内容发生重大变化时，评标委员会依据本章第2.1.2项规定的标准对其更新资料进行评审。（适用于已进行资格预审的）

3.1.2　投标人有以下情形之一的，评标委员会应当否决其投标：

（1）第二章“投标人须知”第1.4.3项、第1.4.4项规定的任何一种情形的；

（2）串通投标或弄虚作假或有其他违法行为的；

（3）不按评标委员会要求澄清、说明或补正的。

3.1.3　投标报价有算术错误的，评标委员会按以下原则对投标报价进行修正，修正的价格经投标人书面确认后具有约束力。投标人不接受修正价格的，评标委员会应当否决其投标。

（1）投标文件中的大写金额与小写金额不一致的，以大写金额为准；

（2）总价金额与依据单价计算出的结果不一致的，以单价金额为准修正总价，但单价金额小数点有明显错误的除外。

3.2　详细评审

3.2.1　评标委员会按本章第2.2款规定的量化因素和分值进行打分，并计算出综合评估得分。评标办法前附表对承包人建议书中的设计文件评审有特殊规定的，从其规定。

（1）按本章第2.2.4（1）目规定的评审因素和分值对承包人建议书计算出得分A；

（2）按本章第2.2.4（2）目规定的评审因素和分值对资信业绩部分计算出得分B；

（3）按本章第2.2.4（3）目规定的评审因素和分值对承包人实施方案计算出得分C；

（4）按本章第2.2.4（4）目规定的评审因素和分值对投标报价计算出得分D；

（5）按本章第2.2.4（5）目规定的评审因素和分值对其他部分计算出得分E。

3.2.2　评分分值计算保留小数点后两位，小数点后第三位“四舍五入”。

3.2.3 投标人得分 = A + B + C + D + E。

3.2.4 评标委员会发现投标人的报价明显低于其他投标报价，或者在设有标底时明显低于标底，使得其投标报价可能低于其个别成本的，应当要求该投标人作出书面说明并提供相应的证明材料。投标人不能合理说明或者不能提供相应证明材料的，评标委员会应当认定该投标人以低于成本报价竞标，应当否决其投标。

3.3 投标文件的澄清和补正

3.3.1 在评标过程中，评标委员会可以书面形式要求投标人对所提交投标文件中不明确的内容进行书面澄清或说明，或者对细微偏差进行补正。评标委员会不接受投标人主动提出的澄清、说明或补正。

3.3.2 澄清、说明和补正不得改变投标文件的实质性内容。投标人的书面澄清、说明和补正属于投标文件的组成部分。

3.3.3 评标委员会对投标人提交的澄清、说明或补正有疑问的，可以要求投标人进一步澄清、说明或补正，直至满足评标委员会的要求。

3.4 评标结果

3.4.1 除第二章“投标人须知”前附表授权直接确定中标人外，评标委员会按照得分由高到低的顺序推荐中标候选人。

3.4.2 评标委员会完成评标后，应当向招标人提交书面评标报告。

第三章　评标办法（经评审的最低投标价法）

评标办法前附表

条款号		评审因素	评审标准
2.1.1	形式评审标准	投标人名称	与营业执照、资质证书一致
		投标函签字盖章	有法定代表人或其委托代理人签字或加盖单位章
		投标文件格式	符合第七章“投标文件格式”的要求
		联合体投标人	提交联合体协议书，并明确联合体牵头人
		报价唯一	只能有一个有效报价
		……	……
2.1.2	资格评审标准	营业执照	具备有效的营业执照
		资质等级	符合第二章“投标人须知”第1.4.1项规定
		财务状况	符合第二章“投标人须知”第1.4.1项规定
		类似项目业绩	符合第二章“投标人须知”第1.4.1项规定
		信誉	符合第二章“投标人须知”第1.4.1项规定
		项目经理	符合第二章“投标人须知”第1.4.1项规定
		设计负责人	符合第二章“投标人须知”第1.4.1项规定
		施工负责人	符合第二章“投标人须知”第1.4.1项规定
		施工机械设备	符合第二章“投标人须知”第1.4.1项规定
		项目管理机构及人员	符合第二章“投标人须知”第1.4.1项规定
		其他要求	符合第二章“投标人须知”第1.4.1项规定
2.1.2	资格评审标准	联合体投标人	符合第二章“投标人须知”第1.4.2项规定
		……	……
2.1.3	响应性评审标准	投标报价	符合第二章“投标人须知”第3.2.4项规定
		投标内容	符合第二章“投标人须知”第1.3.1项规定

续表

条款号		评审因素	评审标准
2.1.3	响应性评审标准	工期	符合第二章“投标人须知”第1.3.2项规定
		质量标准	符合第二章“投标人须知”第1.3.3项规定
		投标有效期	符合第二章“投标人须知”第3.3.1项规定
		投标保证金	符合第二章“投标人须知”第3.4款规定
		权利义务	符合第四章“合同条款及格式”规定的权利义务
		……	……
2.1.4	承包人建议书评审标准	图纸	……
		工程详细说明	……
		设备方案	……
		……	……
2.1.5	承包人实施方案评审标准	总体实施方案	……
		项目实施要点	……
		项目管理要点	……
		……	……
条款号		量化因素	量化标准
2.2	详细评审标准	付款条件	……
		……	……

1. 评标方法

本次评标采用经评审的最低投标价法。评标委员会对满足招标文件实质要求的投标文件，根据本章第2.2款规定的量化因素及标准进行价格折算，按照经评审的投标价由低到高的顺序推荐中标候选人，或根据招标人授权直接确定中标人，但投标报价低于其成本的除外。经评审的投标价相等时，投标报价低的优先；投标报价也相等的，由招标人或者招标人授权的评标委员会自行确定。

2. 评审标准

2.1 初步评审标准

2.1.1 形式评审标准：见评标办法前附表。

2.1.2 资格评审标准：见评标办法前附表。

2.1.3 响应性评审标准：见评标办法前附表。

2.1.4 承包人建议书评审标准：见评标办法前附表。

2.1.5 承包人实施方案评审标准：见评标办法前附表。

2.2 详细评审标准

详细评审标准：见评标办法前附表。

3. 评标程序

3.1 初步评审

3.1.1 评标委员会可以要求投标人提交第二章“投标人须知”第3.5.1项至第3.5.5项规定的有关证明和证件的原件，以便核验。评标委员会依据本章第2.1款规定的标准对投标文件进行初步评审。有一项不符合标准的，评标委员会应当否决其投标。（适用于未进行资格预审的）

3.1.1 评标委员会依据本章第2.1.1项、第2.1.3项、第2.1.4项规定的标准对投标文件进行初步评审。有一项不符合标准的，评标委员会应当否决其投标。当投标人资格预审申请文件的内容发生重大变化时，评标委员会依据本章第2.1.2项规定的标准对其更新资料进行评审。（适用于已进行资格预审的）

3.1.2 投标人有以下情形之一的，评标委员会应当否决其投标：

（1）第二章“投标人须知”第1.4.3项、第1.4.4项规定的任何一种情形的；

（2）串通投标或弄虚作假或有其他违法行为的；

（3）不按评标委员会要求澄清、说明或补正的。

3.1.3　投标报价有算术错误的，评标委员会按以下原则对投标报价进行修正，修正的价格经投标人书面确认后具有约束力。投标人不接受修正价格的，评标委员会应当否决其投标。

（1）投标文件中的大写金额与小写金额不一致的，以大写金额为准；

（2）总价金额与依据单价计算出的结果不一致的，以单价金额为准修正总价，但单价金额小数点有明显错误的除外。

3.2　详细评审

3.2.1　评标委员会按本章第2.2款规定的量化因素和标准进行价格折算，计算出评标价，并编制价格比较一览表。

3.2.2　评标委员会发现投标人的报价明显低于其他投标报价，或者在设有标底时明显低于标底，使得其投标报价可能低于其成本的，应当要求该投标人作出书面说明并提供相应的证明材料。投标人不能合理说明或者不能提供相应证明材料的，由评标委员会认定该投标人以低于成本报价竞标，评标委员会应当否决其投标。

3.3　投标文件的澄清和补正

3.3.1　在评标过程中，评标委员会可以书面形式要求投标人对所提交的投标文件中不明确的内容进行书面澄清或说明，或者对细微偏差进行补正。评标委员会不接受投标人主动提出的澄清、说明或补正。

3.3.2　澄清、说明和补正不得改变投标文件的实质性内容。投标人的书面澄清、说明和补正属于投标文件的组成部分。

3.3.3　评标委员会对投标人提交的澄清、说明或补正有疑问的，可以要求投标人进一步澄清、说明或补正，直至满足评标委员会的要求。

3.4　评标结果

3.4.1　除第二章“投标人须知”前附表授权直接确定中标人外，评标委员会按照经评审的价格由低到高的顺序推荐中标候选人。

3.4.2　评标委员会完成评标后，应当向招标人提交书面评标报告。

第四章　合同条款及格式

第一节　通用合同条款

1. 一般约定

1.1 词语定义

通用合同条款、专用合同条款中的下列词语应具有本款所赋予的含义。

1.1.1 合同

1.1.1.1 合同文件（或称合同）：指合同协议书、中标通知书、投标函及投标函附录、专用合同条款、通用合同条款、发包人要求、价格清单、承包人建议书，以及其他构成合同组成部分的文件。

1.1.1.2 合同协议书：指第1.5款所指的合同协议书。

1.1.1.3 中标通知书：指发包人通知承包人中标的函件。中标通知书随附的澄清、说明、补正事项纪要等，是中标通知书的组成部分。

1.1.1.4 投标函：指构成合同文件组成部分的由承包人填写并签署的投标函。

1.1.1.5 投标函附录：指附在投标函后构成合同文件的投标函附录。

1.1.1.6 发包人要求：指构成合同文件组成部分的名为发包人要求的文件，包括招标项目的目的、范围、设计与其他技术标准和要求，以及合同双方当事人约定对其所作的修改或补充。

1.1.1.7 价格清单：指构成合同文件组成部分的由承包人按规定的格式和要求填写并标明价格的清单。

1.1.1.8 承包人建议书：指构成合同文件组成部分的名为承包人建议书的文件。承包人建议书由承包人随投标函一起提交。承包人建议书应包括承包人的设计图纸及相应说明等设计文件。

1.1.1.9 其他合同文件：指经合同双方当事人确认构成合同文件的其他文件。

1.1.2 合同当事人和人员

1.1.2.1 合同当事人：指发包人和（或）承包人。

1.1.2.2 发包人：指专用合同条款中指明并与承包人在合同协议书中签字的当事人。

1.1.2.3 承包人：指与发包人签订合同协议书的当事人。

1.1.2.4 承包人项目经理：指承包人指定代表承包人履行义务的负责人。

1.1.2.5 设计负责人：指承包人指定负责组织指导协调设计工作并具有相应资格的人员。

1.1.2.6 施工负责人：指承包人指定负责组织指导协调施工工作并具有相应资格的人员。

1.1.2.7　采购负责人：指承包人指定负责组织指导协调采购工作的人员。

1.1.2.8　分包人：指从承包人处分包合同中某一部分工作，并与其签订分包合同的分包人。

1.1.2.9　监理人：指在专用合同条款中指明的，受发包人委托对合同履行实施管理的法人或其他组织。属于国家强制监理的，监理人应当具有相应的监理资质。

1.1.2.10　总监理工程师：指由监理人委派对合同履行实施管理的全权负责人。

1.1.3　工程和设备

1.1.3.1　工程：指永久工程和（或）临时工程。

1.1.3.2　永久工程：指按合同约定建造并移交给发包人的工程，包括工程设备。

1.1.3.3　临时工程：指为完成合同约定的永久工程所修建的各类临时性工程，不包括施工设备。

1.1.3.4　区段工程：指专用合同条款中指明特定范围的能单独接收并使用的永久工程。

1.1.3.5　工程设备：指构成或计划构成永久工程的机电设备、仪器装置、运载工具及其他类似的设备和装置。

1.1.3.6　施工设备：指为完成合同约定的各项工作所需的设备、器具和其他物品，不包括临时工程和材料。

1.1.3.7　临时设施：指为完成合同约定的各项工作所服务的临时性生产和生活设施。

1.1.3.8　承包人设备：指承包人为工程实施提供的施工设备。

1.1.3.9　施工场地（或称工地、现场）：指用于合同工程施工的场所，以及在合同中指定作为施工场地组成部分的其他场所，包括永久占地和临时占地。

1.1.3.10　永久占地：指专用合同条款中指明为实施合同工程需永久占用的土地。

1.1.3.11　临时占地：指专用合同条款中指明为实施合同工程需临时占用的土地。

1.1.4　日期、检验和竣工

1.1.4.1　开始工作通知：指监理人按第11.1款通知承包人开始工作的函件。

1.1.4.2　开始工作日期：指监理人按第11.1款发出的开始工作通知中写

明的开始工作日期。

1.1.4.3 工期：指承包人在投标函中承诺的完成合同工作所需的期限，包括按第11.3款、第11.4款和第11.6款约定所作的变更。

1.1.4.4 竣工日期：指第1.1.4.3目约定工期届满时的日期。实际竣工日期以工程接收证书中写明的日期为准。

1.1.4.5 缺陷责任期：指履行第19.2款约定的缺陷责任的期限，具体期限在发包人要求中明确的包括根据第19.3款约定所作的延长。

1.1.4.6 基准日期：指投标截止之日前28天的日期。

1.1.4.7 天：除特别指明外，指日历天。合同中按天计算时间的，开始当天不计入，从次日开始计算。期限最后一天的截止时间为当天24：00。

1.1.4.8 竣工试验：是指在工程竣工验收前，根据第18.1款要求进行的试验。

1.1.4.9 竣工验收：是指承包人完成了全部合同工作后，发包人按合同要求进行的验收。

1.1.4.10 竣工后试验：是指在工程竣工验收后，根据第18.9款约定进行的试验。

1.1.4.11 国家验收：是指政府有关部门根据法律、规范、规程和政策要求，针对发包人全面组织实施的整个工程正式交付投运前的验收。

1.1.5 合同价格和费用

1.1.5.1 签约合同价：指中标通知书明确的并在签定合同时于合同协议书中写明的，包括了暂列金额、暂估价的合同总金额。

1.1.5.2 合同价格：指承包人按合同约定完成了包括缺陷责任期内的全部承包工作后，发包人应付给承包人的金额，包括在履行合同过程中按合同约定进行的变更和调整。

1.1.5.3 费用：指为履行合同所发生的或将要发生的所有合理开支，包括管理费和应分摊的其他费用，但不包括利润。

1.1.5.4 暂列金额：指招标文件中给定的，用于在签订协议书时尚未确定或不可预见变更的设计、施工及其所需材料、工程设备、服务等的金额，包括以计日工方式支付的金额。

1.1.5.5 暂估价：指招标文件中给定的，用于支付必然发生但暂时不能确定价格的专业服务、材料、设备专业工程的金额。

1.1.5.6 计日工：指对零星工作采取的一种计价方式，按合同中的计日工子目及其单价计价付款。

1.1.5.7 质量保证金：指按第17.4.1项约定用于保证在缺陷责任期内履

行缺陷修复义务的金额。

1.1.6 其他

1.1.6.1 书面形式：指合同文件、信函、电报、传真、数据电文、电子邮件、会议纪要等可以有形地表现所载内容的形式。

1.1.6.2 承包人文件：指由承包人根据合同应提交的所有图纸、手册、模型、计算书、软件和其他文件。

1.1.6.3 变更是指根据第15条的约定，经指示或批准对发包人要求或工程所做的改变。

1.2 语言文字

合同使用的语言文字为中文。专用术语使用外文的，应附有中文注释。

1.3 法律

适用于合同的法律包括中华人民共和国法律、行政法规、部门规章，以及工程所在地的地方法规、自治条例、单行条例和地方政府规章。

1.4 合同文件的优先顺序

组成合同的各项文件应互相解释，互为说明。除专用合同条款另有约定外，解释合同文件的优先顺序如下：

（1）合同协议书；

（2）中标通知书；

（3）投标函及投标函附录；

（4）专用合同条款；

（5）通用合同条款；

（6）发包人要求；

（7）承包人建议书；

（8）价格清单；

（9）其他合同文件。

1.5 合同协议书

承包人按中标通知书规定的时间与发包人签订合同协议书。除法律另有规定或合同另有约定外，发包人和承包人的法定代表人或其委托代理人在合同协议书上签字并盖单位章后，合同生效。

1.6 文件的提供和照管

1.6.1 承包人文件的提供

除专用合同条款另有约定外，承包人应在合理的期限内按照合同约定的数量向监理人提供承包人文件。合同约定承包人文件应批准的，监理人应当在合同约定的期限内批复。承包人的设计文件的提供和审查按第5.3款和第5.5款的约定执行。

1.6.2　发包人提供的文件

按专用合同条款约定由发包人提供的文件，包括前期工作相关文件、环境保护、气象水文、地质条件等，发包人应按约定的数量和期限交给承包人。由于发包人未按时提供文件造成工期延误的，按第11.3款约定执行。

1.6.3　文件错误的通知

任何一方发现了文件中存在的明显错误或疏忽，应及时通知另一方。

1.6.4　文件的照管

承包人应在现场保留一份合同、发包人要求中列出的所有文件、承包人文件、变更以及其他根据合同收发的往来信函。发包人有权在任何合理的时间查阅和使用上述所有文件。

1.7　联络

1.7.1　与合同有关的通知、批准、证明、证书、指示、要求、请求、同意、意见、确定和决定等，均应采用书面形式。

1.7.2　第1.7.1项中的通知、批准、证明、证书、指示、要求、请求、同意、意见、确定和决定等来往函件，均应在合同约定的期限内送达指定的地点和指定的接收人，并办理签收手续。

1.8　转让

除合同另有约定外，未经承包人同意，发包人不得将合同权利全部或部分转让给第三人，也不得全部或部分转让合同义务。承包人不得将合同权利和义务全部转让给第三人，也不得将合同的义务全部或部分转让给第三人，法律另有规定的除外。

1.9　严禁贿赂

合同双方当事人不得以贿赂或变相贿赂的方式，谋取不当利益或损害对方权益。因贿赂造成对方损失的，行为人应赔偿损失，并承担相应的法律责任。

1.10　化石、文物

1.10.1　在施工场地发掘的所有文物、古迹以及具有地质研究或考古价值的其他遗迹、化石、钱币或物品属于国家所有。一旦发现上述文物，承包人应采取有效合理的保护措施，防止任何人员移动或损坏上述物品，并立即报告当地文物行政部门，同时通知监理人和发包人。发包人、监理人和承包人应按文物行政部门要求采取妥善保护措施，由此导致费用增加和（或）工期延误由发包人承担。

1.10.2　承包人发现文物后不及时报告或隐瞒不报，致使文物丢失或损坏的，应赔偿损失，并承担相应的法律责任。

1.11　知识产权

1.11.1 除专用合同条款另有约定外，承包人完成的设计工作成果和建造完成的建筑物，除署名权以外的著作权以及建筑物形象使用收益等其他知识产权均归发包人享有。

1.11.2　承包人在进行设计，以及使用任何材料、承包人设备、工程设备或采用施工工艺时，因侵犯专利权或其他知识产权所引起的责任，由承包人承担。

1.11.3　承包人在投标文件中采用专利技术的，专利技术的使用费包含在投标报价内。

1.12　文件及信息的保密

未经对方同意，任何一方当事人不得将有关文件、技术秘密、需要保密的资料和信息泄露给他人或公开发表与引用。

1.13　发包人要求中的错误（A）

1.13.1 承包人应认真阅读、复核发包人要求，发现错误的，应及时书面通知发包人。

1.13.2 发包人要求中的错误导致承包人增加费用和（或）工期延误的，发包人应承担由此增加的费用和（或）工期延误，并向承包人支付合理利润。

1.13　发包人要求中的错误（B）

1.13.1　承包人应认真阅读、复核发包人要求，发现错误的，应及时书面通知发包人。发包人作相应修改的，按照第15条约定处理。对确实存在的错误，发包人坚持不作修改的，应承担由此导致承包人增加的费用和（或）延误的工期。

1.13.2　承包人未发现发包人要求中存在错误的，承包人自行承担由此导致的费用增加和（或）工期延误，但专用合同条款另有约定的除外。

1.13.3　无论承包人发现与否，在任何情况下，发包人要求中的下列错误导致承包人增加的费用和（或）延误的工期，由发包人承担，并向承包人支付合理利润。

（1）发包人要求中引用的原始数据和资料；

（2）对工程或其任何部分的功能要求；

（3）对工程的工艺安排或要求；

（4）试验和检验标准；

（5）除合同另有约定外，承包人无法核实的数据和资料。

1.14　发包人要求违法

发包人要求违反法律规定的，承包人发现后应书面通知发包人，并要求其改正。发包人收到通知书后不予改正或不予答复的，承包人有权拒绝履行合同义务，直至解除合同。发包人应承担由此引起的承包人全部损失。

2. 发包人义务

2.1 遵守法律

发包人在履行合同过程中应遵守法律，并保证承包人免于承担因发包人违反法律而引起的任何责任。

2.2 发出承包人开始工作通知

发包人应委托监理人按第 11.1 款的约定向承包人发出开始工作通知。

2.3 提供施工场地

发包人应按专用合同条款约定向承包人提供施工场地及进场施工条件，并明确与承包人的交接界面。

2.4 办理证件和批件

法律规定和（或）合同约定由发包人负责办理的工程建设项目必须履行的各类审批、核准或备案手续，发包人应按时办理。

法律规定和（或）合同约定由承包人负责的有关设计、施工证件和批件，发包人应给予必要的协助。

2.5 支付合同价款

发包人应按合同约定向承包人及时支付合同价款。专用合同条款对发包人工程款支付担保有约定的，从其约定。

2.6 组织竣工验收

发包人应按合同约定及时组织竣工验收。

2.7 其他义务

发包人应履行合同约定的其他义务。

3. 监理人

3.1 监理人的职责和权力

3.1.1 监理人受发包人委托，享有合同约定的权力，其所发出的任何指示应视为已得到发包人的批准。监理人在行使某项权力前需要经发包人事先批准而通用合同条款没有指明的，应在专用合同条款中指明。未经发包人批准，监理人无权修改合同。

3.1.2 合同约定应由承包人承担的义务和责任，不因监理人对承包人文件的审查或批准，对工程、材料和工程设备的检查和检验，以及为实施监理作出的指示等职务行为而减轻或解除。

3.2　总监理工程师

发包人应在发出开始工作通知前将总监理工程师的任命通知承包人。总监理工程师更换时，应提前 14 天通知承包人。总监理工程师超过 2 天不能履行职责的，应委派代表代行其职责，并通知承包人。

3.3　监理人员

3.3.1　总监理工程师可以授权其他监理人员负责执行其指派的一项或多项监理工作。总监理工程师应将被授权监理人员的姓名及其授权范围通知承包人。被授权的监理人员在授权范围内发出的指示视为已得到总监理工程师的同意，与总监理工程师发出的指示具有同等效力。总监理工程师撤销某项授权时，应将撤销授权的决定及时通知发包人和承包人。

3.3.2　总监理工程师授权的监理人员对承包人文件、工程或其采用的材料和工程设备未在约定的或合理的期限内提出否定意见的，视为已获批准，但不影响监理人在以后拒绝该项工作、工程、材料或工程设备的权利，监理人的拒绝应当符合法律规定和合同约定。

3.3.3　承包人对总监理工程师授权的监理人员发出的指示有疑问的，可在该指示发出的 48 小时内向总监理工程师提出书面异议，总监理工程师应在 48 小时内对该指示予以确认、更改或撤销。

3.3.4　除专用合同条款另有约定外，总监理工程师不应将第 3.5 款约定应由总监理工程师作出确定的权力授权或委托给其他监理人员。

3.4　监理人的指示

3.4.1　监理人应按第 3.1 款的约定向承包人发出指示，监理人的指示应盖有监理人授权的项目管理机构章，并由总监理工程师或总监理工程师约定授权的监理人员签字。

3.4.2　承包人收到监理人作出的指示后应遵照执行。指示构成变更的，应按第 15 条执行。

3.4.3　在紧急情况下，总监理工程师或其授权的监理人员可以当场签发临时书面指示，承包人应遵照执行。监理应在临时书面指示发出后 24 小时内发出书面确认函，监理人在 24 小时内未发出书面确认函的，该临时书面指示应被视为监理人的正式指示。

3.4.4　除合同另有约定外，承包人只从总监理工程师或按第 3.3.1 项被授权的监理人员处取得指示。

3.4.5　由于监理人未能按合同约定发出指示、指示延误或指示错误而导致承包人费用增加和（或）工期延误的，发包人应承担由此增加的费用和（或）工期延误，并向承包人支付合理利润。

3.5 商定或确定

3.5.1 合同约定总监理工程师应按照本款对任何事项进行商定或确定时，总监理工程师应与合同当事人协商，尽量达成一致。不能达成一致的，总监理工程师应认真研究后审慎确定。

3.5.2 总监理工程师应将商定或确定的事项通知合同当事人，并附详细依据。对总监理工程师的确定有异议的，构成争议，按照第24条的约定处理。在争议解决前，双方应暂按总监理工程师的确定执行，按照第24条的约定对总监理工程师的确定作出修改的，按修改后的结果执行，由此导致承包人增加的费用和（或）延误的工期由发包人承担。

4. 承包人

4.1 承包人的一般义务

4.1.1 遵守法律

承包人在履行合同过程中应遵守法律，并保证发包人免于承担因承包人违反法律而引起的任何责任。

4.1.2 依法纳税

承包人应按有关法律规定纳税，应缴纳的税金包括在合同价格内。

4.1.3 完成各项承包工作

承包人应按合同约定以及监理人根据第3.4款作出的指示，完成合同约定的全部工作，并对工作中的任何缺陷进行整改、完善和修补，使其满足合同约定的目的。除专用合同条款另有约定外，承包人应提供合同约定的工程设备和承包人文件，以及为完成合同工作所需的劳务、材料、施工设备和其他物品，并按合同约定负责临时设施的设计、施工、运行、维护、管理和拆除。

4.1.4 对设计、施工作业和施工方法，以及工程的完备性负责

承包人应按合同约定的工作内容和进度要求，编制设计、施工的组织和实施计划，并对所有设计、施工作业和施工方法，以及全部工程的完备性和安全可靠性负责。

4.1.5 保证工程施工和人员的安全

承包人应按第10.2款约定采取施工安全措施，确保工程及其人员、材料、设备和设施的安全，防止因工程施工造成的人身伤害和财产损失。

4.1.6 负责施工场地及其周边环境与生态的保护工作

承包人应按照第10.4款约定负责施工场地及其周边环境与生态的保护工作。

4.1.7 避免施工对公众与他人的利益造成损害

承包人在进行合同约定的各项工作时，不得侵害发包人与他人使用公用道路、水源、市政管网等公共设施的权利，避免对邻近的公共设施产生干扰。承包人占用或使用他人的施工场地，影响他人作业或生活的，应承担相应责任。

4.1.8　为他人提供方便

承包人应按监理人的指示为他人在施工场地或附近实施与工程有关的其他各项工作提供可能的条件。除合同另有约定外，提供有关条件的内容和可能发生的费用，由监理人按第3.5款商定或确定。

4.1.9　工程的维护和照管

工程接收证书颁发前，承包人应负责照管和维护工程。工程接收证书颁发时尚有部分未竣工工程的，承包人还应负责该未竣工工程的照管和维护工作，直至竣工后移交给发包人。

4.1.10　其他义务

承包人应履行合同约定的其他义务。

4.2　履约担保

4.2.1　承包人应保证其履约担保在发包人颁发工程接收证书前一直有效。发包人应在工程接收证书颁发后28天内将履约担保退还给承包人。需进行竣工后试验的，承包人应保证其履约担保在竣工后试验通过前一直有效，发包人应在通过竣工验收后7天内将履约担保退还给承包人。

4.2.2　如工程延期，承包人有义务继续提供履约担保。由于发包人原因导致延期的，继续提供履约担保所需的费用由发包人承担；由于承包人原因导致延期的，继续提供履约担保所需费用由承包人承担。

4.3　分包和不得转包

4.3.1　承包人不得将其承包的全部工程转包给第三人，也不得将其承包的全部工程肢解后以分包的名义分别转包给第三人。

4.3.2　承包人不得将设计和施工的主体、关键性工作分包给第三人。除专用合同条款另有约定外，未经发包人同意，承包人也不得将非主体、非关键性工作分包给第三人。

4.3.3　分包人的资格能力应与其分包工作的标准和规模相适应。

4.3.4　发包人同意承包人分包工作的，承包人应向发包人和监理人提交分包合同副本。

4.4　联合体

4.4.1　联合体各方应共同与发包人签订合同。联合体各方应为履行合同承担连带责任。

4.4.2　联合体协议经发包人确认后作为合同附件。在履行合同过程中，未经发包人同意，不得修改联合体协议。

4.4.3 联合体牵头人或联合体授权的代表负责与发包人和监理人联系，并接受指示，负责组织联合体各成员全面履行合同。

4.5 承包人项目经理

4.5.1 承包人应按合同协议书的约定指派项目经理，并在约定的期限内到职。承包人更换项目经理应事先征得发包人同意，并应在更换14天前将拟更换的项目经理的姓名和详细资料提交发包人和监理人。承包人项目经理2天内不能履行职责的，应事先征得监理人同意，并委派代表代行其职责。

4.5.2 承包人项目经理应按合同约定以及监理人按第3.4款作出的指示，负责组织合同工作的实施。在情况紧急且无法与监理人取得联系时，可采取保证工程和人员生命财产安全的紧急措施，并在采取措施后24小时内向监理人提交书面报告。

4.5.3 承包人为履行合同发出的一切函件均应盖有承包人单位章或由承包人项目经理签字。

4.5.4 承包人项目经理可以授权其下属人员履行其某项职责，但事先应将这些人员的姓名和授权范围书面通知发包人和监理人。

4.6 承包人人员的管理

4.6.1 承包人应在接到开始工作通知之日起28天内，向监理人提交承包人的项目管理机构以及人员安排的报告，其内容应包括项目管理机构的设置、各主要岗位的技术和管理人员名单及其资格，以及设计人员和各工种技术工人的安排状况。承包人安排的主要管理人员和技术人员应相对稳定，更换主要管理人员和技术人员的，应取得监理人的同意，并向监理人提交继任人员的资格、管理经验等资料。项目经理的更换，应按照本章第4.5款规定执行。

4.6.2 承包人安排的主要管理人员包括项目经理、设计负责人、施工负责人、采购负责人以及专职质量、安全生产管理人员等；技术人员包括设计师、建筑师、土木工程师、设备工程师、建造师等。

4.6.3 承包人的设计人员应由具有国家规定和发包人要求中约定的资格，并具有从事设计所必需的经验与能力。

承包人应保证其设计人员（包括分包人的设计人员）在合同期限内的任何时候，都能按时参加发包人或其委托的监理人组织的工作会议。

4.6.4 国家规定应当持证上岗的工作人员均应持有相应的资格证明，监理人有权随时检查。监理人认为有必要时，可进行现场考核。

4.6.5 除专用合同条款另有约定外，承包人的主要施工管理人员离开施工现场连续超过3天的，应事先征得监理人同意。承包人擅自更换项目经理或主要施工管理人员，或前述人员未经监理人许可擅自离开施工现场连续超过3天的，应按照专用合同条款约定承担违约责任。

4.7　撤换承包人项目经理和其他人员

承包人应对其项目经理和其他人员进行有效管理。监理人要求撤换不能胜任本职工作、行为不端或玩忽职守的承包人项目经理和其他人员的，承包人应予以撤换。

4.8　保障承包人人员的合法权益

4.8.1　承包人应与其雇佣的人员签订劳动合同，并按时发放工资。

4.8.2　承包人应按劳动法的规定安排工作时间，保证其雇佣人员享有休息和休假的权利。因设计、施工的特殊需要占用休假日或延长工作时间的，应不超过法律规定的限度，并按法律规定给予补休或付酬。

4.8.3　承包人应为其雇佣人员提供必要的食宿条件，以及符合环境保护和卫生要求的生活环境，在远离城镇的施工场地，还应配备必要的伤病防治和急救的医务人员与医疗设施。

4.8.4　承包人应按国家有关劳动保护的规定，采取有效的防止粉尘、降低噪声、控制有害气体和保障高温、高寒、高空作业安全等劳动保护措施。其雇佣人员在施工中受到伤害的，承包人应立即采取有效措施进行抢救和治疗。

4.8.5　承包人应按有关法律规定和合同约定，为其雇佣人员办理保险。

4.8.6　承包人应负责处理其雇佣人员因工伤亡事故的善后事宜。

4.9　工程价款应专款专用

发包人按合同约定支付给承包人的各项价款应专用于合同工作。

4.10　承包人现场查勘

4.10.1　发包人应向承包人提供施工场地及毗邻区域内的供水、排水、供电、供气、供热、通信、广播电视等地下管线资料、气象和水文观测资料，相邻建筑物和构筑物、地下工程的有关资料，以及其他与建设工程有关的原始资料，并承担原始资料错误造成的全部责任，但承包人应对其阅读上述有关资料后所作出的解释和推断负责。

4.10.2　承包人应对施工场地和周围环境进行查勘，并收集除发包人提供外为完成合同工作有关的当地资料。在全部合同工作中，视为承包人已充分估计了应承担的责任和风险。

4.11　不可预见物质条件（A）

4.11.1　不可预见物质条件，除专用合同条款另有约定外，是指承包人在施工场地遇到的不可预见的自然物质条件、非自然的物质障碍和污染物，包括地下和水文条件，但不包括气候条件。

4.11.2　承包人遇到不可预见物质条件时，应采取适应不利物质条件的合理措施继续设计和（或）施工，并及时通知监理人，通知应载明不利物质条件的内容以及承包人认为不可预见的理由。监理人应当及时发出指示，指示构成变更的，按第15条约定执行。监理人没有发出指示的，承包人因采取合理措施而增加的费用和（或）工期延误，由发包人承担。

4.11　不可预见的困难和费用（B）

除合同另有约定外，承包人应视为已取得工程有关风险、意外事件和其他情况的全部必要资料，并预见工程所有困难和费用。承包人遇到不可预见的困难和费用时，合同价格不予调整。

4.12　进度计划

4.12.1　合同进度计划

承包人应按合同约定的内容和期限，编制详细的进度计划，包括设计、承包人文件提交、采购、制造、检验、运达现场、施工、安装、试验的各个阶段的预期时间以及设计和施工组织方案说明等报送监理人。监理人应在专用合同条款约定的期限内批复或提出修改意见，否则该进度计划视为已得到批准。经监理人批准的进度计划称合同进度计划，是控制合同工程进度的依据。承包人还应根据合同进度计划，编制更为详细的分阶段或分项进度计划，报监理人批准。

4.12.2　合同进度计划的修订

不论何种原因造成工程的实际进度与第4.12.1项的合同进度计划不符时，承包人可以在专用合同条款约定的期限内向监理人提交修订合同进度计划的申请报告，并附有关措施和相关资料，报监理人批准；监理人也可以直接向承包人作出修订合同进度计划的指示，承包人应按该指示修订合同进度计划，报监理人批准。监理人应在专用合同条款约定的期限内批复。监理人在批复前应获得发包人同意。

4.13　质量保证

4.13.1　为保证工程质量，承包人应按照合同要求建立质量保证体系。监理人有权对承包人的质量保证体系进行审查。

4.13.2　承包人应在各设计和实施阶段开始前，向监理人提交其具体的质量保证细则和工作程序。

4.13.3　遵守质量保证体系，不应免除合同约定的承包人的义务和责任。

5. 设计

5.1 承包人的设计义务

5.1.1 设计义务的一般要求

承包人应按照法律规定，以及国家、行业和地方的规范和标准完成设计工作，并符合发包人要求。

5.1.2 法律和标准的变化

除合同另有约定外，承包人完成设计工作所应遵守的法律规定，以及国家、行业和地方的规范和标准，均应视为在基准日适用的版本。基准日之后，前述版本发生重大变化，或者有新的法律，以及国家、行业和地方的规范和标准实施的，承包人应向发包人或发包人委托的监理人提出遵守新规定的建议。发包人或其委托的监理人应在收到建议后7天内发出是否遵守新规定的指示。发包人或其委托的监理人指示遵守新规定的，按照第15条或第16.2款约定执行。

5.2 承包人设计进度计划

承包人应按照发包人要求，在合同进度计划中专门列出设计进度计划，报发包人批准后执行。承包人需按照经批准后的计划开展设计工作。

因承包人原因影响设计进度的，按第11.5款的约定执行。因发包人原因影响设计进度的，按第15条变更处理。

发包人或其委托的监理人有权要求承包人根据第11.5款提交修正的进度计划、增加投入资源并加快设计进度。

5.3 设计审查

5.3.1 承包人的设计文件应报发包人审查同意。审查的范围和内容在发包人要求中约定。

除合同另有约定外，自监理人收到承包人的设计文件以及承包人的通知之日起，发包人对承包人的设计文件审查期不超过21天。承包人的设计文件对于合同约定有偏离的，应在通知中说明。承包人需要修改已提交的承包人文件的，应立即通知监理人，并向监理人提交修改后的承包人的设计文件，审查期重新起算。

发包人不同意设计文件的，应通过监理人以书面形式通知承包人，并说明不符合合同要求的具体内容。承包人应根据监理人的书面说明，对承包人文件进行修改后重新报送发包人审查，审查期重新起算。

合同约定的审查期满，发包人没有做出审查结论也没有提出异议的，视为承包人的设计文件已获发包人同意。

5.3.2　承包人的设计文件不需要政府有关部门审查或批准的，承包人应当严格按照经发包人审查同意的设计文件设计和实施工程。

5.3.3　设计文件需政府有关部门审查或批准的，发包人应在审查同意承包人的设计文件后7天内，向政府有关部门报送设计文件，承包人应予以协助。

对于政府有关部门的审查意见，不需要修改发包人要求的，承包人需按该审查意见修改承包人的设计文件；需要修改发包人要求的，发包人应重新提出发包人要求，承包人应根据新提出的发包人要求修改承包人文件。上述情形还应适用第15条、第1.13款的有关约定。

政府有关部门审查批准的，承包人应当严格按照批准后的承包人的设计文件设计和实施工程。

5.4　培训

承包人应按照发包人要求，对发包人的人员进行工程操作和维修方面的培训。合同约定接收之前进行培训的，应在第18.3款约定的竣工验收前完成培训。

5.5　竣工文件

5.5.1　承包人应编制并及时更新反映工程实施结果的竣工记录，如实记载竣工工程的确切位置、尺寸和已实施工作的详细说明。竣工记录应保存在施工场地，并在竣工试验开始前，按照专用合同条款约定的份数提交给监理人。

5.5.2　在颁发工程接收证书之前，承包人应按照发包人要求的份数和形式向监理人提交相应竣工图纸，并取得监理人对尺寸、参照系统及其他有关细节的认可。监理人应按照第5.3款的约定进行审查。

5.5.3　在监理人收到上述文件前，不应认为工程已根据第18.3款和第18.5款约定完成验收。

5.6　操作和维修手册

5.6.1　在竣工试验开始前，承包人应向监理人提交暂行的操作和维修手册，该手册应足够详细，以便发包人能够对生产设备进行操作、维修、拆卸、重新安装、调整及修理。

5.6.2　承包人应提交足够详细的最终操作和维修手册，以及在发包人要求中明确的相关操作和维修手册。在监理人收到上述文件前，不应认为工程已根据第18.3款和第18.5款约定完成验收。

5.7　承包人文件错误

承包人文件存在错误、遗漏、含混、矛盾、不充分之处或其他缺陷，无论承包人是否根据本款获得了批准，承包人均应自费对前述问题带来的缺陷和工程问题进行改正。第 1. 13 款发包人要求的错误导致承包人文件错误、遗漏、含混、矛盾、不充分或其他缺陷的除外。

6. 材料和工程设备

6.1　承包人提供的材料和工程设备

6.1.1　除专用合同条款另有约定外，承包人提供的材料和工程设备均由承包人负责采购、运输和保管。承包人应对其采购的材料和工程设备负责。

6.1.2　承包人应按专用合同条款的约定，将各项材料和工程设备的供货人及品种、技术要求、规格、数量和供货时间等报送监理人批准。承包人应向监理人提交其负责提供的材料和工程设备的质量证明文件，并满足合同约定的质量标准。

6.1.3　对承包人提供的材料和工程设备，承包人应会同监理人进行检验和交货验收，查验材料合格证明和产品合格证书，并按合同约定和监理人指示，进行材料的抽样检验和工程设备的检验测试，检验和测试结果应提交监理人，所需费用由承包人承担。

6.2　发包人提供的材料和工程设备（A）

6.2.1　专用合同条款约定发包人提供部分材料和工程设备的，应写明材料和工程设备的名称、规格、数量、价格、交货方式、交货地点等。

6.2.2　承包人应根据合同进度计划的安排，向监理人报送要求发包人交货的日期计划。发包人应按照监理人与合同双方当事人商定的交货日期，向承包人提交材料和工程设备。

6.2.3　发包人应在材料和工程设备到货 7 天前通知承包人，承包人应会同监理人在约定的时间内，赴交货地点共同进行验收。除专用合同条款另有约定外，发包人提供的材料和工程设备验收后，由承包人负责接收、运输和保管。

6.2.4　发包人要求向承包人提前交货的，承包人不得拒绝，但发包人应承担承包人由此增加的费用。

6.2.5　承包人要求更改交货日期或地点的，应事先报请监理人批准。由于承包人要求更改交货时间或地点所增加的费用和（或）工期延误由承包人承担。

6.2.6　发包人提供的材料和工程设备的规格、数量或质量不符合合同要求，或由于发包人原因发生交货日期延误及交货地点变更等情况的，发包人应承担由此增加的费用和（或）工期延误，并向承包人支付合理利润。

6.2　发包人提供的材料和工程设备（B）

发包人不提供材料和工程设备。

6.3 专用于工程的材料和工程设备

6.3.1 运入施工场地的材料、工程设备，包括备品备件、安装专用工器具与随机资料，必须专用于合同约定范围内的工程，未经监理人同意，承包人不得运出施工场地或挪作他用。

6.3.2 随同工程设备运入施工场地的备品备件、专用工器具与随机资料，应由承包人会同监理人按供货人的装箱单清点后共同封存，未经监理人同意不得启用。承包人因合同工作需要使用上述物品时，应向监理人提出申请。

6.4 实施方法

承包人对材料的加工、工程设备的采购、制造、安装应当按照法律规定、合同约定以及行业习惯来实施。

6.5 禁止使用不合格的材料和工程设备

6.5.1 监理人有权拒绝承包人提供的不合格材料或工程设备，并要求承包人立即进行更换。监理人应在更换后再次进行检查和检验，由此增加的费用和（或）工期延误由承包人承担。

6.5.2 监理人发现承包人使用了不合格的材料和工程设备，应即时发出指示要求承包人立即改正，并禁止在工程中继续使用不合格的材料和工程设备。

6.5.3 发包人提供的材料或工程设备不符合合同要求的，承包人有权拒绝，并可要求发包人更换，由此增加的费用和（或）工期延误由发包人承担。

7. 施工设备和临时设施

7.1 承包人提供的施工设备和临时设施

7.1.1 承包人应按合同进度计划的要求，及时配置施工设备和修建临时设施。进入施工场地的承包人设备需经监理人核查后才能投入使用。承包人更换合同约定的承包人设备的，应报监理人批准。

7.1.2 除专用合同条款另有约定外，承包人应自行承担修建临时设施的费用。需要临时占地的，应由发包人办理申请手续并承担相应费用。

7.2 发包人提供的施工设备和临时设施（A）

发包人提供的施工设备或临时设施在专用合同条款中约定。

7.2 发包人提供的施工设备和临时设施（B）

发包人不提供施工设备或临时设施。

7.3 要求承包人增加或更换施工设备

承包人使用的施工设备不能满足合同进度计划和（或）质量标准时，监理人有权要求承包人增加或更换施工设备，承包人应及时增加或更换，由此增加的费用和（或）工期延误由承包人承担。

7.4 施工设备和临时设施专用于合同工程

7.4.1 除合同另有约定外，运入施工场地的所有施工设备以及在施工场地建设的临时设施应专用于合同工程。未经监理人同意，不得将上述施工设备和临时设施中的任何部分运出施工场地或挪作他用。

7.4.2 经监理人同意，承包人可根据合同进度计划撤走闲置的施工设备。

8. 交通运输

8.1 道路通行权和场外设施（A）

发包人应根据工程的施工需要，负责办理取得出入施工场地的专用和临时道路的通行权，以及取得为工程建设所需修建场外设施的权利，并承担有关费用。承包人应协助发包人办理上述手续。

8.1 道路通行权和场外设施（B）

承包人应根据工程的施工需要，负责办理取得出入施工场地的专用和临时道路的通行权，以及取得为工程建设所需修建场外设施的权利，并承担有关费用。发包人应协助承包人办理上述手续。

8.2 场内施工道路

8.2.1 除专用合同条款另有约定外，承包人应负责修建、维修、养护和管理施工所需的临时道路和交通设施，包括维修、养护和管理发包人提供的道路和交通设施，并承担相应费用。

8.2.2 除专用合同条款另有约定外，承包人修建的临时道路和交通设施应免费提供发包人和监理人为实现合同目的使用。

8.3 场外交通

8.3.1 承包人车辆外出行驶所需的场外公共道路的通行费、养路费和税款等由承包人承担。

8.3.2 承包人应遵守有关交通法规，严格按照道路和桥梁的限制荷重安全行驶，并服从交通管理部门的检查和监督。

8.4 超大件和超重件的运输

由承包人负责运输的超大件或超重件，应由承包人负责向交通管理部门办理申请手续，发包人给予协助。运输超大件或超重件所需的道路和桥梁临时加固改造费用和其他有关费用，由承包人承担，但专用合同条款另有约定除外。

8.5 道路和桥梁的损坏责任

因承包人运输造成施工场地内外公共道路和桥梁损坏的，由承包人承担修复损坏的全部费用和可能引起的赔偿。

8.6 水路和航空运输

本条上述各款的内容适用于水路运输和航空运输，其中“道路”一词的涵义包括河道、航线、船闸、机场、码头、堤防以及水路或航空运输中其他相似结构物；“车辆”一词的涵义包括船舶和飞机等。

9. 测量放线

9.1 施工控制网

9.1.1 发包人应在专用合同条款约定的期限内，通过监理人向承包人提供测量基准点、基准线和水准点及其书面资料。除专用合同条款另有约定外，承包人应根据国家测绘基准、测绘系统和工程测量技术规范，按上述基准点（线）以及合同工程精度要求，测设施工控制网，并在专用合同条款约定的期限内，将施工控制网资料报送监理人批准。

9.1.2 承包人应负责管理施工控制网点。施工控制网点丢失或损坏的，承包人应及时修复。承包人应承担施工控制网点的管理与修复费用，并在工程竣工后将施工控制网点移交发包人。

9.2 施工测量

9.2.1 承包人应负责施工过程中的全部施工测量放线工作，并配置合格的人员、仪器、设备和其他物品。

9.2.2 监理人可以指示承包人进行抽样复测，当复测中发现错误或出现超过合同约定的误差时，承包人应按监理人指示进行修正或补测，并承担相应的复测费用。

9.3 基准资料错误的责任

发包人应对其提供的测量基准点、基准线和水准点及其书面资料的真实性、准确性和完整性负责，对其提供上述基准资料错误导致承包人损失的，发包人应当承担由此增加的费用和（或）工期延误，并向承包人支付合理利润。承包人应在设计或施工中对上述资料的准确性进行核实，发现存在明显错误或疏忽的，应及时通知监理人。

9.4 监理人使用施工控制网

监理人需要使用施工控制网的，承包人应提供必要的协助，发包人不再为此支付费用。

10. 安全、治安保卫和环境保护

10.1 发包人的安全责任

10.1.1 发包人应按合同约定履行安全职责，授权监理人按合同约定的安全工作内容监督、检查承包人安全工作的实施，组织承包人和有关单位进行安全检查。

10.1.2　发包人应对其现场机构雇佣的全部人员的工伤事故承担责任，但由于承包人原因造成发包人人员工伤的，应由承包人承担责任。

10.1.3　发包人应负责赔偿以下各种情况造成的第三者人身伤亡和财产损失：

（1）工程或工程的任何部分对土地的占用所造成的第三者财产损失；

（2）由于发包人原因在施工场地及其毗邻地带、履行合同工作中造成的第三者人身伤亡和财产损失。

10.2　承包人的安全责任

10.2.1　承包人应按合同约定履行安全职责，执行监理人有关安全工作的指示，并在专用合同条款约定的期限内，按合同约定的安全工作内容，编制安全措施计划报送监理人批准。

10.2.2　承包人按照合同约定需要进行勘察的，应严格执行操作规程，采取措施保证各类管线、设施和周边建筑物、构筑物的安全。

10.2.3　承包人应当按照法律、法规和工程建设强制性标准进行设计，在设计文件中注明涉及施工安全的重点部位和环节，提出保障施工作业人员和预防安全事故的措施建议，防止因设计不合理导致生产安全事故的发生。

10.2.4　承包人应加强施工作业安全管理，特别应加强易燃、易爆材料、火工器材、有毒与腐蚀性材料和其他危险品的管理，以及对爆破作业和地下工程施工等危险作业的管理。

10.2.5　承包人应严格按照国家安全标准制定施工安全操作规程，配备必要的安全生产和劳动保护设施，加强对承包人人员的安全教育，并发放安全工作手册和劳动保护用具。

10.2.6　承包人应按监理人的指示制定应对灾害的紧急预案，报送监理人批准。承包人还应按预案做好安全检查，配置必要的救助物资和器材，切实保护好有关人员的人身和财产安全。

10.2.7　合同约定的安全作业环境及安全施工措施所需费用应遵守有关规定，并包括在相关工作的合同价格中。因采取合同未约定的安全作业环境及安全施工措施增加的费用，由监理人按第3.5款商定或确定。

10.2.8　承包人应对其履行合同所雇佣的全部人员，包括分包人人员的工伤事故承担责任，但由于发包人原因造成承包人人员工伤事故的，应由发包人承担责任。

10.2.9　由于承包人原因在施工场地内及其毗邻地带造成的第三者人员伤亡和财产损失，由承包人负责赔偿。

10.3 治安保卫

10.3.1 除合同另有约定外，承包人应与当地公安部门协商，在现场建立治安管理机构或联防组织，统一管理施工场地的治安保卫事项，履行合同工程的治安保卫职责。

10.3.2 发包人和承包人除应协助现场治安管理机构或联防组织维护施工场地的社会治安外，还应做好包括生活区在内的各自管辖区的治安保卫工作。

10.3.3 除合同另有约定外，承包人应编制施工场地治安管理计划，并制定应对突发治安事件的紧急预案，报监理人批准。自承包人进入施工现场，至发包人接收工程的期间，施工现场发生暴乱、爆炸等恐怖事件，以及群殴、械斗等群体性突发治安事件的，发包人和承包人应立即向当地政府报告。发包人和承包人应积极协助当地有关部门采取措施平息事态，防止事态扩大，尽量减少财产损失和避免人员伤亡。

10.4 环境保护

10.4.1 承包人在履行合同过程中，应遵守有关环境保护的法律，履行合同约定的环境保护义务，并对违反法律和合同约定义务所造成的环境破坏、人身伤害和财产损失负责。

10.4.2 承包人应按合同约定的环保工作内容，编制环保措施计划，报送监理人批准。

10.4.3 承包人应确保施工过程中产生的气体排放物、粉尘、噪声、地面排水及排污等，符合法律规定和发包人要求。

10.5 事故处理

合同履行过程中发生事故的，承包人应立即通知监理人，监理人应立即通知发包人。发包人和承包人应立即组织人员和设备进行紧急抢救和抢修，减少人员伤亡和财产损失，防止事故扩大，并保护事故现场。需要移动现场物品时，应作出标记和书面记录，妥善保管有关证据。发包人和承包人应按国家有关规定，及时如实地向有关部门报告事故发生的情况，以及正在采取的紧急措施等。

11. 开始工作和竣工

11.1 开始工作

符合专用合同条款约定的开始工作的条件的，监理人应提前7天向承包人发出开始工作通知。监理人在发出开始工作通知前应获得发包人同意。工期自开始工作通知中载明的开始工作日期起计算。除专用合同条款另有约定外，因发包人原因造成监理人未能在合同签订之日起90天内发出开始工作通知的，承包人有权提出价格调整要求，或者解除合同。发包人应当承担由此增加的费用和（或）工期延误，并向承包人支付合理利润。

11.2 竣工

承包人应在第1.1.4.3目约定的期限内完成合同工作。实际竣工日期按第18.3款约定确定，并在工程接收证书中载明。

11.3 发包人引起的工期延误

在履行合同过程中，由于发包人的下列原因造成工期延误的，承包人有权要求发包人延长工期和（或）增加费用，并支付合理利润。需要修订合同进度计划的，按照第4.12.2项的约定执行。

(1) 变更；

（2）未能按照合同要求的期限对承包人文件进行审查；

（3）因发包人原因导致的暂停施工；

（4）未按合同约定及时支付预付款、进度款；

（5）发包人按第9.3款提供的基准资料错误；

（6）发包人按第6.2款迟延提供材料、工程设备或变更交货地点的；

（7）发包人未及时按照“发包人要求”履行相关义务；

（8）发包人造成工期延误的其他原因。

11.4 异常恶劣的气候条件

由于出现专用合同条款规定的异常恶劣气候的条件导致工期延误的，承包人有权要求发包人延长工期和（或）增加费用。

11.5 承包人引起的工期延误

由于承包人原因，未能按合同进度计划完成工作，或监理人认为承包人工作进度不能满足合同工期要求的，承包人应采取措施加快进度，并承担加快进度所增加的费用。由于承包人原因造成工期延误，承包人应支付逾期竣工违约金。逾期竣工违约金的计算方法和最高限额在专用合同条款中约定。承包人支付逾期竣工违约金，不免除承包人完成工作及修补缺陷的义务。

11.6 工期提前

发包人要求承包人提前竣工，或承包人提出提前竣工的建议能够给发包人带来效益的，应由监理人与承包人共同协商采取加快工程进度的措施和修订合同进度计划。发包人应承担承包人由此增加的费用，并向承包人支付专用合同条款约定的相应奖金。

11.7 行政审批迟延

合同约定范围内的工作需国家有关部门审批的，发包人和（或）承包人应按照合同约定的职责分工完成行政审批报送。因国家有关部门审批迟延造成费用增加和（或）工期延误的，由发包人承担。

12. 暂停工作

12.1 由发包人暂停工作

12.1.1 发包人认为必要时，可通过监理人向承包人发出暂停工作的指示，承包人应按监理人指示暂停工作。由于发包人原因引起的暂停工作造成工期延误的，承包人有权要求发包人延长工期和（或）增加费用，并支付合理利润。

12.1.2 由于承包人下列原因造成发包人暂停工作的，由此造成费用的增加和（或）工期延误由承包人承担：

（1）承包人违约；

（2）承包人擅自暂停工作；

（3）合同约定由承包人承担责任的其他暂停工作。

12.2 由承包人暂停工作

12.2.1 合同履行过程中发生下列情形之一的，承包人可向发包人发出通知，要求发包人采取有效措施予以纠正。发包人收到承包人通知后的28天内仍不履行合同义务，承包人有权暂停施工，并通知监理人，发包人应承担由此增加的费用和（或）工期延误责任，并支付承包人合理利润。

（1）发包人未能按合同约定支付价款，或拖延、拒绝批准付款申请和支付证书，导致付款延误的；

（2）监理人无正当理由没有在约定期限内发出复工指示，导致承包人无法复工的；

（3）发包人无法继续履行或明确表示不履行或实质上已停止履行合同的；

（4）发包人不履行合同约定其他义务的。

12.2.2 由于发包人的原因发生暂停施工的紧急情况，且监理人未及时下达暂停工作指示的，承包人可先暂停施工，并及时向监理人提出暂停工作的书面请求。监理人应在收到书面请求后的24小时内予以答复，逾期未答复的，视为同意承包人的暂停工作请求。

12.3 暂停工作后的照管

不论由于何种原因引起暂停工作的，暂停工作期间，承包人应负责妥善保护工程并提供安全保障，由此增加的费用由责任方承担。

12.4 暂停工作后的复工

12.4.1 暂停工作后，监理人应与发包人和承包人协商，采取有效措施积极消除暂停工作的影响。当工程具备复工条件时，监理人应立即向承包人发出复工通知。承包人收到复工通知后，应在监理人指定的期限内复工。

12.4.2　承包人无故拖延和拒绝复工的，由此增加的费用和工期延误由承包人承担；因发包人原因无法按时复工的，承包人有权要求发包人延长工期和（或）增加费用，并支付合理利润。

12.5　暂停工作56天以上

12.5.1　监理人发出暂停工作指示后56天内未向承包人发出复工通知的，除该项暂停由于承包人违约造成之外，承包人可向监理人提交书面通知，要求监理人在收到书面通知后28天内准许已暂停工作的全部或部分继续工作。如监理人逾期不予批准，则承包人可以通知监理人，将工程受影响的部分按第15条的约定作为可取消工作的变更处理。暂停工作影响到整个工程的，视为发包人违约，应按第12.2.1项的约定执行，同时承包人有权解除合同。

12.5.2　由于承包人原因引起暂停工作的，如承包人在收到监理人暂停工作指示后56天内不采取有效的复工措施，造成工期延误的，视为承包人违约，应按第12.1.2项的约定执行。

13. 工程质量

13.1　工程质量要求

13.1.1　工程质量验收按法律规定和合同约定的验收标准执行。

13.1.2　因承包人原因造成工程质量不符合法律的规定和合同约定的，监理人有权要求承包人返工直至符合合同要求为止，由此造成的费用增加和（或）工期延误由承包人承担。

13.1.3　因发包人原因造成工程质量达不到合同约定验收标准的，发包人应承担由于承包人返工造成的费用增加和（或）工期延误，并支付承包人合理利润。

13.2　承包人的质量检查

承包人应按合同约定对设计、材料、工程设备以及全部工程内容及其施工工艺进行全过程的质量检查和检验，并作详细记录，编制工程质量报表，报送监理人审查。

13.3　监理人的质量检查

监理人有权对全部工程内容及其施工工艺、材料和工程设备进行检查和检验。承包人应为监理人的检查和检验提供方便，包括监理人到施工场地，或制造、加工地点，或合同约定的其他地方进行察看和查阅施工原始记录。承包人还应按监理人指示，进行施工场地取样试验、工程复核测量和设备性能检测，提供试验样品、提交试验报告和测量成果以及监理人要求进行的其他工作。监理人的检查和检验，不免除承包人按合同约定应负的责任。

13.4 工程隐蔽部位覆盖前的检查

13.4.1 通知监理人检查

经承包人自检确认的工程隐蔽部位具备覆盖条件后，承包人应通知监理人在约定的期限内检查。承包人的通知应附有自检记录和必要的检查资料。监理人应按时到场检查。经监理人检查确认质量符合隐蔽要求，并在检查记录上签字后，承包人才能进行覆盖。监理人检查确认质量不合格的，承包人应在监理人指示的时间内修整返工后，由监理人重新检查。

13.4.2 监理人未到场检查

监理人未按第13.4.1项约定的时间进行检查的，除监理人另有指示外，承包人可自行完成覆盖工作，并作相应记录报送监理人，监理人应签字确认。监理人事后对检查记录有疑问的，可按第13.4.3项的约定重新检查。

13.4.3 监理人重新检查

承包人按第13.4.1项或第13.4.2项覆盖工程隐蔽部位后，监理人对质量有疑问的，可要求承包人对已覆盖的部位进行钻孔探测或揭开重新检验，承包人应遵照执行，并在检验后重新覆盖恢复原状。经检验证明工程质量符合合同要求的，由发包人承担由此增加的费用和（或）工期延误，并支付承包人合理利润；经检验证明工程质量不符合合同要求的，由此增加的费用和（或）工期延误由承包人承担。

13.4.4 承包人私自覆盖

承包人未通知监理人到场检查，私自将工程隐蔽部位覆盖的，监理人有权指示承包人钻孔探测或揭开检查，由此增加的费用和（或）工期延误由承包人承担。

13.5 清除不合格工程

13.5.1 因承包人设计失误，使用不合格材料、工程设备，或采用不适当的施工工艺，或施工不当，造成工程不合格的，监理人可以随时发出指示，要求承包人立即采取措施进行补救，直至达到合同要求的质量标准，由此增加的费用和（或）工期延误由承包人承担。

13.5.2 由于发包人提供的材料或工程设备不合格造成的工程不合格，需要承包人采取措施补救的，发包人应承担由此增加的费用和（或）工期延误，并支付承包人合理利润。

14. 试验和检验

14.1 材料、工程设备和工程的试验和检验

14.1.1 本款适用于竣工试验之前的试验和检验。

14.1.2　承包人应按合同约定进行材料、工程设备和工程的试验和检验，并为监理人对上述材料、工程设备和工程的质量检查提供必要的试验资料和原始记录。按合同约定应由监理人与承包人共同进行试验和检验的，由承包人负责提供必要的试验资料和原始记录。

14.1.3　监理人未按合同约定派员参加试验和检验的，除监理人另有指示外，承包人可自行试验和检验，并应立即将试验和检验结果报送监理人，监理人应签字确认。

14.1.4　监理人对承包人的试验和检验结果有疑问的，或为查清承包人试验和检验成果的可靠性要求承包人重新试验和检验的，可按合同约定由监理人与承包人共同进行。重新试验和检验的结果证明该项材料、工程设备或工程的质量不符合合同要求的，由此增加的费用和（或）工期延误由承包人承担；重新试验和检验结果证明该项材料、工程设备和工程符合合同要求，由发包人承担由此增加的费用和（或）工期延误，并支付承包人合理利润。

14.2　现场材料试验

14.2.1　承包人根据合同约定或监理人指示进行的现场材料试验，应由承包人提供试验场所、试验人员、试验设备器材以及其他必要的试验条件。

14.2.2　监理人在必要时可以使用承包人的试验场所、试验设备器材以及其他试验条件，进行以工程质量检查为目的的复核性材料试验，承包人应予以协助。

14.3　现场工艺试验

承包人应按合同约定或监理人指示进行现场工艺试验。对大型的现场工艺试验，监理人认为必要时，应由承包人根据监理人提出的工艺试验要求，编制工艺试验措施计划，报送监理人批准。

15. 变更

15.1　变更权

在履行合同过程中，经发包人同意，监理人可按第15.3款约定的变更程序向承包人作出有关发包人要求改变的变更指示，承包人应遵照执行。变更应在相应内容实施前提出，否则发包人应承担承包人损失。没有监理人的变更指示，承包人不得擅自变更。

15.2　承包人的合理化建议

15.2.1　在履行合同过程中，承包人对发包人要求的合理化建议，均应以书面形式提交监理人。合理化建议书的内容应包括建议工作的详细说明、进度计划和效益以及与其他工作的协调等，并附必要的设计文件。监理人应与发包人协商是否采纳建议。建议被采纳并构成变更的，应按第 15.3 款约定向承包人发出变更指示。

15.2.2　承包人提出的合理化建议降低了合同价格、缩短了工期或者提高了工程经济效益的，发包人可按国家有关规定在专用合同条款中约定给予奖励。

15.3　变更程序

15.3.1　变更的提出

（1）在合同履行过程中，监理人可向承包人发出变更意向书。变更意向书应说明变更的具体内容和发包人对变更的时间要求，并附必要的相关资料。变更意向书应要求承包人提交包括拟实施变更工作的设计和计划、措施和竣工时间等内容的实施方案。发包人同意承包人根据变更意向书要求提交的变更实施方案的，由监理人按第 15.3.3 项约定发出变更指示。

（2）承包人收到监理人按合同约定发出的文件，经检查认为其中存在对发包人要求变更情形的，可向监理人提出书面变更建议。变更建议应阐明要求变更的依据，以及实施该变更工作对合同价款和工期的影响，并附必要的图纸和说明。监理人收到承包人书面建议后，应与发包人共同研究，确认存在变更的，应在收到承包人书面建议后的 14 天内作出变更指示。经研究后不同意作为变更的，应由监理人书面答复承包人。

（3）承包人收到监理人的变更意向书后认为难以实施此项变更的，应立即通知监理人，说明原因并附详细依据。监理人与承包人和发包人协商后确定撤销、改变或不改变原变更意向书。

15.3.2　变更估价

监理人应按照第 3.5 款商定或确定变更价格。变更价格应包括合理的利润，并应考虑承包人根据第 15.2 款提出的合理化建议。

15.3.3　变更指示

（1）变更指示只能由监理人发出。

（2）变更指示应说明变更的目的、范围、变更内容以及变更的工程量及其进度和技术要求，并附有关图纸和文件。承包人收到变更指示后，应按变更指示进行变更工作。

15.4　暂列金额

经发包人同意，承包人可使用暂列金额，但应按照第 15.6 款规定的程序进行，并对合同价格进行相应调整。

15.5　计日工（A）

15.5.1　发包人认为有必要时，由监理人通知承包人以计日工方式实施变更的零星工作。其价款按列入合同中的计日工计价子目及其单价进行计算。

15.5.2 采用计日工计价的任何一项变更工作，应从暂列金额中支付，承包人应在该项变更的实施过程中，每天提交以下报表和有关凭证报送监理人批准：

（1）工作名称、内容和数量；

（2）投入该工作所有人员的姓名、专业/工种、级别和耗用工时；

（3）投入该工作的材料类别和数量；

（4）投入该工作的施工设备型号、台数和耗用台时；

（5）监理人要求提交的其他资料和凭证。

15.5.3 计日工由承包人汇总后，按第17.3.3项的约定列入进度付款申请单，由监理人复核并经发包人同意后列入进度付款。

15.5 计日工（B）

签约合同价包括计日工的，按合同约定进行支付。

15.6 暂估价（A）

15.6.1 发包人在价格清单中给定暂估价的专业服务、材料、工程设备和专业工程属于依法必须招标的范围并达到规定的规模标准的，由发包人和承包人以招标的方式选择供应商或分包人。发包人和承包人的权利义务关系在专用合同条款中约定。中标金额与价格清单中所列的暂估价的金额差以及相应的税金等其他费用列入合同价格。

15.6.2 发包人在价格清单中给定暂估价的专业服务、材料和工程设备不属于依法必须招标的范围或未达到规定的规模标准的，应由承包人按第6.1款的约定提供。经监理人确认的专业服务、材料、工程设备的价格与价格清单中所列的暂估价的金额差以及相应的税金等其他费用列入合同价格。

15.6.3 发包人在价格清单中给定暂估价的专业工程不属于依法必须招标的范围或未达到规定的规模标准的，由监理人按照第15.3.2项进行估价，但专用合同条款另有约定的除外。经估价的专业工程与价格清单中所列的暂估价的金额差以及相应的税金等其他费用列入合同价格。

15.6 暂估价（B）

签约合同价包括暂估价的，按合同约定进行支付。

16. 价格调整

16.1 物价波动引起的调整（A）

除专用合同条款另有约定外，因物价波动引起的价格调整按照本款约定处理。

16.1.1　采用价格指数调整价格差额（适用于投标函附录约定了价格指数和权重的）

16.1.1.1　价格调整公式

因人工、材料和设备等价格波动影响合同价格时，根据投标函附录中的价格指数和权重表约定的数据，按以下公式计算差额并调整合同价格。

$$\Delta P = P_0\left[A + \left\{B_1 \times \frac{F_{t1}}{F_{01}} + B_2 \times \frac{F_{t2}}{F_{02}} + B_3 \times \frac{F_{t3}}{F_{03}} + \cdots + B_n \times \frac{F_{tn}}{F_{04}}\right\} - 1\right]$$

式中　ΔP——需调整的价格差额；

P_0——第17.3.4项、第17.5.2项和第17.6.2项约定的付款证书中承包人应得到的已完成工作量的金额。此项金额应不包括价格调整、不计质量保证金的扣留和支付、预付款的支付和扣回。第15条约定的变更及其他金额已按当期价格计价的，也不计在内；

A——定值权重（即不调部分的权重）；

B_1；B_2；B_3；…；B_n——各可调因子的变值权重（即可调部分的权重）为各可调因子在投标函投标总报价中所占的比例；

F_{t1}；F_{t2}；F_{t3}；…；F_{tn}——各可调因子的当期价格指数，指第17.3.3项、第17.5.2项和第17.6.2项约定的付款证书相关周期最后一天的前42天的各可调因子的价格指数；

F_{01}；F_{02}；F_{03}；…；F_{0n}——各可调因子的基本价格指数，指基准日期的各可调因子的价格指数。

以上价格调整公式中的各可调因子、定值和变值权重，以及基本价格指数及其来源在投标函附录价格指数和权重表中约定。价格指数应首先采用投标函附录中载明的有关部门提供的价格指数，缺乏上述价格指数时，可采用有关部门提供的价格代替。

16.1.1.2　暂时确定调整差额

在计算调整差额时得不到当期价格指数的，可暂用上一次价格指数计算，并在以后的付款中再按实际价格指数进行调整。

16.1.1.3　权重的调整

按第15.1款约定的变更导致原定合同中的权重不合理的，由监理人与承包人和发包人协商后进行调整。

16.1.1.4　承包人引起的工期延误后的价格调整

由于承包人原因未在约定的工期内竣工的，则对原约定竣工日期后继续施工的工程，在使用第16.1.1.1目价格调整公式时，应采用原约定竣工日期与实际竣工日期的两个价格指数中较低的一个作为当期价格指数。

16.1.1.5 发包人引起的工期延误后的价格调整

由于发包人原因未在约定的工期内竣工的，则对原约定竣工日期后继续施工的工程，在使用第16.1.1.1目价格调整公式时，应采用原约定竣工日期与实际竣工日期的两个价格指数中较高的一个作为当期价格指数。

16.1.1 采用造价信息调整价格差额（适用于投标函附录没有约定价格指数和权重的）

合同工期内，因人工、材料、设备和机械台班价格波动影响合同价格时，人工、机械使用费按照国家或省、自治区、直辖市建设行政管理部门、行业建设管理部门或其授权的工程造价管理机构发布的人工成本信息、机械台班单价或机械使用费系数进行调整；需要进行价格调整的材料，其单价和采购数应由监理人复核，监理人确认需调整的材料单价及数量，作为调整合同价格差额的依据。

16.1 物价波动引起的调整（B）

除法律规定或专用合同条款另有约定外，合同价格不因物价波动进行调整。

16.2 法律变化引起的调整

在基准日后，因法律变化导致承包人在合同履行中所需费用发生除第16.1款约定以外的增减时，监理人应根据法律、国家或省、自治区、直辖市有关部门的规定，按第3.5款商定或确定需调整的合同价格。

17. 合同价格与支付

17.1 合同价格

除专用合同条款另有约定外。

（1）合同价格包括签约合同价以及按照合同约定进行的调整；

（2）合同价格包括承包人依据法律规定或合同约定应支付的规费和税金；

（3）价格清单列出的任何数量仅为估算的工作量，不得将其视为要求承包人实施的工程的实际或准确的工作量。在价格清单中列出的任何工作量和价格数据应仅限用于变更和支付的参考资料，而不能用于其他目的。

合同约定工程的某部分按照实际完成的工程量进行支付的，应按照专用合同条款的约定进行计量和估价，并据此调整合同价格。

17.2 预付款

17.2.1 预付款

预付款用于承包人为合同工程的设计和工程实施购置材料、工程设备、施工设备、修建临时设施以及组织施工队伍进场等。预付款的额度和支付在专用合同条款中约定。预付款必须专用于合同工作。

17.2.2　预付款保函

除专用合同条款另有约定外，承包人应在收到预付款的同时向发包人提交预付款保函，预付款保函的担保金额应与预付款金额相同。保函的担保金额可根据预付款扣回的金额相应递减。

17.2.3　预付款的扣回与还清

预付款在进度付款中扣回，扣回办法在专用合同条款中约定。在颁发工程接收证书前，由于不可抗力或其他原因解除合同时，预付款尚未扣清的，尚未扣清的预付款余额应作为承包人的到期应付款。

17.3　工程进度付款

17.3.1　付款时间

除专用合同条款另有约定外，工程进度付款按月支付。

17.3.2　支付分解表

除专用合同条款另有约定外，承包人应根据价格清单的价格构成、费用性质、计划发生时间和相应工作量等因素，按照以下分类和分解原则，结合第4.12.1项约定的合同进度计划，汇总形成月度支付分解报告。

（1）勘察设计费。按照提供勘察设计阶段性成果文件的时间、对应的工作量进行分解。

（2）材料和工程设备费。分别按订立采购合同、进场验收合格、安装就位、工程竣工等阶段和专用条款约定的比例进行分解。

（3）技术服务培训费。按照价格清单中的单价，结合第4.12.1项约定的合同进度计划对应的工作量进行分解。

（4）其他工程价款。除第17.1款约定按已完成工程量计量支付的工程价款外，按照价格清单中的价格，结合第4.12.1项约定的合同进度计划拟完成的工程量或者比例进行分解。

承包人应当在收到经监理人批复的合同进度计划后7天内，将支付分解报告以及形成支付分解报告的支持性资料报监理人审批，监理人应当在收到承包人报送的支付分解报告后7天内给予批复或提出修改意见，经监理人批准的支付分解报告为有合同约束力的支付分解表。合同进度计划进行了修订的，应相应修改支付分解表，并按本目规定报监理人批复。

17.3.3　进度付款申请单

承包人应在每笔进度款支付前，按监理人批准的格式和专用合同条款约定的份数，向监理人提交进度付款申请单，并附相应的支持性证明文件。除合同另有约定外，进度付款申请单应包括下列内容：

（1）当期应支付金额总额，以及截至当期期末累计应支付金额总额、已支付的进度付款金额总额；

（2）当期根据支付分解表应支付金额，以及截至当期期末累计应支付金额；

（3）当期根据第17.1款约定计量的已实施工程应支付金额，以及截至当期期末累计应支付金额；

（4）当期根据第15条应增加和扣减的变更金额，以及截至当期期末累计变更金额；

（5）当期根据第23条应增加和扣减的索赔金额，以及截至当期期末累计索赔金额；

（6）当期根据第17.2款约定应支付的预付款和扣减的返还预付款金额，以及截至当期期末累计返还预付款金额；

（7）当期根据第17.4.1项约定应扣减的质量保证金金额，以及截至当期期末累计扣减的质量保证金金额；

（8）当期根据合同应增加和扣减的其他金额，以及截至当期期末累计增加和扣减的金额。

17.3.4　进度付款证书和支付时间

（1）监理人在收到承包人进度付款申请单以及相应的支持性证明文件后的14天内完成审核，提出发包人到期应支付给承包人的金额以及相应的支持性材料，经发包人审批同意后，由监理人向承包人出具经发包人签认的进度付款证书。监理人未能在前述时间完成审核的，视为监理人同意承包人进度付款申请。监理人有权核减承包人未能按照合同要求履行任何工作或义务的相应金额。

（2）发包人最迟应在监理人收到进度付款申请单后的28天内，将进度应付款支付给承包人。发包人未能在前述时间内完成审批或不予答复的，视为发包人同意进度付款申请。发包人不按期支付的，按专用合同条款的约定支付逾期付款违约金。

（3）监理人出具进度付款证书，不应视为监理人已同意、批准或接受了承包人完成的该部分工作。

（4）进度付款涉及政府投资资金的，按照国库集中支付等国家相关规定和专用合同条款的约定执行。

17.3.5　工程进度付款的修正

在对以往历次已签发的进度付款证书进行汇总和复核中发现错、漏或重复的，监理人有权予以修正，承包人也有权提出修正申请。经监理人、承包人复核同意的修正，应在本次进度付款中支付或扣除。

17.4 质量保证金

17.4.1 监理人应从发包人的每笔进度付款中，按专用合同条款的约定扣留质量保证金，直至扣留的质量保证金总额达到专用合同条款约定的金额或比例为止。质量保证金的计算额度不包括预付款的支付、扣回以及价格调整的金额。

17.4.2 在第1.1.4.5目约定的缺陷责任期满时，承包人向发包人申请到期应返还承包人剩余的质量保证金，发包人应在14天内会同承包人按照合同约定的内容核实承包人是否完成缺陷责任。如无异议，发包人应当在核实后将剩余质量保证金返还承包人。

17.4.3 在第1.1.4.5目约定的缺陷责任期满时，承包人没有完成缺陷责任的，发包人有权扣留与未履行责任剩余工作所需金额相应的质量保证金余额，并有权根据第19.3款约定要求延长缺陷责任期，直至完成剩余工作为止。

17.5 竣工结算

17.5.1 竣工付款申请单

（1）工程接收证书颁发后，承包人应按专用合同条款约定的份数和期限向监理人提交竣工付款申请单，并提供相关证明材料。除专用合同条款另有约定外，竣工付款申请单应包括下列内容：竣工结算合同总价、发包人已支付承包人的工程价款、应扣留的质量保证金、应支付的竣工付款金额。

（2）监理人对竣工付款申请单有异议的，有权要求承包人进行修正和提供补充资料。经监理人和承包人协商后，由承包人向监理人提交修正后的竣工付款申请单。

17.5.2 竣工付款证书及支付时间

（1）监理人在收到承包人提交的竣工付款申请单后的14天内完成核查，提出发包人到期应支付给承包人的价款送发包人审核并抄送承包人。发包人应在收到后14天内审核完毕，由监理人向承包人出具经发包人签认的竣工付款证书。监理人未在约定时间内核查，又未提出具体意见的，视为承包人提交的竣工付款申请单已经监理人核查同意；发包人未在约定时间内审核又未提出具体意见的，监理人提出发包人到期应支付给承包人的价款视为已经发包人同意。

（2）发包人应在监理人出具竣工付款证书后的14天内，将应支付款支付给承包人。发包人不按期支付的，按第17.3.4（2）目的约定，将逾期付款违约金支付给承包人。

（3）承包人对发包人签认的竣工付款证书有异议的，发包人可出具竣工付款申请单中承包人已同意部分的临时付款证书。存在争议的部分，按第24

条的约定执行。

（4）竣工付款涉及政府投资资金的，按第 17. 3. 4（4）目的约定执行。

17. 6　最终结清

17. 6. 1　最终结清申请单

（1）缺陷责任期终止证书签发后，承包人可按专用合同条款约定的份数和期限向监理人提交最终结清申请单，并提供相关证明材料。

（2）发包人对最终结清申请单内容有异议的，有权要求承包人进行修正和提供补充资料，由承包人向监理人提交修正后的最终结清申请单。

17. 6. 2　最终结清证书和支付时间

（1）监理人收到承包人提交的最终结清申请单后的 14 天内，提出发包人应支付给承包人的价款送发包人审核并抄送承包人。发包人应在收到后 14 天内审核完毕，由监理人向承包人出具经发包人签认的最终结清证书。监理人未在约定时间内核查，又未提出具体意见的，视为承包人提交的最终结清申请已经监理人核查同意；发包人未在约定时间内审核又未提出具体意见的，监理人提出应支付给承包人的价款视为已经发包人同意。

（2）发包人应在监理人出具最终结清证书后的 14 天内，将应支付款支付给承包人。

发包人不按期支付的，按第 17. 3. 4（2）目的约定，将逾期付款违约金支付给承包人。

（3）承包人对发包人签认的最终结清证书有异议的，按第 24 条的约定执行。

（4）最终结清付款涉及政府投资资金的，按第 17. 3. 4（4）目的约定执行。

18. 竣工试验和竣工验收

18. 1　竣工试验

18. 1. 1　承包人按照第 5. 5 款和第 5. 6 款提交文件后，进行竣工试验。

18. 1. 2　承包人应提前 21 天将可以开始进行竣工试验的日期通知监理人，监理人应在该日期后 14 天内，确定竣工试验具体时间。除专用合同条款中另有约定外，竣工试验应按下述顺序进行：

（1）第一阶段，承包人进行适当的检查和功能性试验，保证每一项工程设备都满足合同要求，并能安全地进入下一阶段试验；

（2）第二阶段，承包人进行试验，保证工程或区段工程满足合同要求，在所有可利用的操作条件下安全运行；

(3) 第三阶段，当工程能安全运行时，承包人应通知监理人，可以进行其他竣工试验，包括各种性能测试，以证明工程符合发包人要求中列明的性能保证指标。

18.1.3　承包人应按合同约定进行工程及工程设备试运行。试运行所需人员、设备、材料、燃料、电力、消耗品、工具等必要的条件以及试运行费用等由专用合同条款规定。

18.1.4　某项竣工试验未能通过的，承包人应按照监理人的指示限期改正，并承担合同约定的相应责任。

18.2　竣工验收申请报告

当工程具备以下条件时，承包人即可向监理人报送竣工验收申请报告：

(1) 除监理人同意列入缺陷责任期内完成的尾工（甩项）工程和缺陷修补工作外，合同范围内的全部区段工程以及有关工作，包括合同要求的试验和竣工试验均已完成，并符合合同要求；

(2) 已按合同约定的内容和份数备齐了符合要求的竣工文件；

(3) 已按监理人的要求编制了在缺陷责任期内完成的尾工（甩项）工程和缺陷修补工作清单以及相应施工计划；

(4) 监理人要求在竣工验收前应完成的其他工作；

(5) 监理人要求提交的竣工验收资料清单。

18.3　竣工验收

监理人收到承包人按第18.2款约定提交的竣工验收申请报告后，应审查申请报告的各项内容，并按以下不同情况进行处理。

18.3.1　监理人审查后认为尚不具备竣工验收条件的，应在收到竣工验收申请报告后的28天内通知承包人，指出在颁发接收证书前承包人还需进行的工作内容。承包人完成监理人通知的全部工作内容后，应再次提交竣工验收申请报告，直至监理人同意为止。监理人收到竣工验收申请报告后28天内不予答复的，视为同意承包人的竣工验收申请，并应在收到该竣工验收申请报告后28天内提请发包人进行竣工验收。

18.3.2　监理人同意承包人提交的竣工验收申请报告的，应在收到该竣工验收申请报告后的28天内提请发包人进行工程验收。

18.3.3　发包人经过验收后同意接受工程的，应在监理人收到竣工验收申请报告后的56天内，由监理人向承包人出具经发包人签认的工程接收证书。发包人验收后同意接收工程但提出整修和完善要求的，限期修好，并缓发工程接收证书。整修和完善工作完成后，监理人复查达到要求的，经发包人同意后，再向承包人出具工程接收证书。

18.3.4　发包人验收后不同意接收工程的，监理人应按照发包人的验收意见发出指示，要求承包人对不合格工程认真返工重作或进行补救处理，并承担由此产生的费用。承包人在完成不合格工程的返工重作或补救工作后，应重新提交竣工验收申请报告，按第 18.3.1 项、第 18.3.2 项和第 18.3.3 项的约定进行。

18.3.5　除专用合同条款另有约定外，经验收合格工程的实际竣工日期，以提交竣工验收申请报告的日期为准，并在工程接收证书中写明。

18.3.6　发包人在收到承包人竣工验收申请报告 56 天后未进行验收的，视为验收合格，实际竣工日期以提交竣工验收申请报告的日期为准，但发包人由于不可抗力不能进行验收的除外。

18.4　国家验收

需要进行国家验收的，竣工验收是国家验收的一部分。竣工验收所采用的各项验收和评定标准应符合国家验收标准。发包人和承包人为竣工验收提供的各项竣工验收资料应符合国家验收的要求。

18.5　区段工程验收

18.5.1　发包人根据合同进度计划安排，在全部工程竣工前需要使用已经竣工的区段工程时，或承包人提出经发包人同意时，可进行区段工程验收。验收的程序可参照第 18.2 款与第 18.3 款的约定进行。验收合格后，由监理人向承包人出具经发包人签认的区段工程验收证书。已签发区段工程接收证书的区段工程由发包人负责照管。区段工程的验收成果和结论作为全部工程竣工验收申请报告的附件。

18.5.2　发包人在全部工程竣工前，使用已接收的区段工程导致承包人费用增加的，发包人应承担由此增加的费用和（或）工期延误，并支付承包人合理利润。

18.6　施工期运行

18.6.1　施工期运行是指合同工程尚未全部竣工，其中某项或某几项区段工程或工程设备安装已竣工，根据专用合同条款约定，需要投入施工期运行的，经发包人按第 18.5 款的约定验收合格，证明能确保安全后，才能在施工期投入运行。

18.6.2　在施工期运行中发现工程或工程设备损坏或存在缺陷的，由承包人按第 19.2 款约定进行修复。

18.7　竣工清场

18.7.1　除合同另有约定外，工程接收证书颁发后，承包人应按以下要求对施工场地进行清理，直至监理人检验合格为止。竣工清场费用由承包人承担。

（1）施工场地内残留的垃圾已全部清除出场；

（2）临时工程已拆除，场地已按合同要求进行清理、平整或复原；

（3）按合同约定应撤离的承包人设备和剩余的材料，包括废弃的施工设备和材料，已按计划撤离施工场地；

（4）工程建筑物周边及其附近道路、河道的施工堆积物，已按监理人指示全部清理；

（5）监理人指示的其他场地清理工作已全部完成。

18.7.2　承包人未按监理人的要求恢复临时占地，或者场地清理未达到合同约定的，发包人有权委托其他人恢复或清理，所发生的金额从拟支付给承包人的款项中扣除。

18.8　施工队伍的撤离

工程接收证书颁发后的56天内，除了经监理人同意需在缺陷责任期内继续工作和使用的人员、施工设备和临时工程外，其余的人员、施工设备和临时工程均应撤离施工场地或拆除。除合同另有约定外，缺陷责任期满时，承包人的人员和施工设备应全部撤离施工场地。

18.9　竣工后试验（A）

除专用合同条款另有约定外，发包人应：

（1）为竣工后试验提供必要的电力、设备、燃料、仪器、劳力、材料，以及具有适当资质和经验的工作人员；

（2）根据承包商按照第5.6款提供的手册，以及承包人给予的指导进行竣工后试验。

发包人应提前21天将竣工后试验的日期通知承包人。如果承包人未能在该日期出席竣工后试验，发包人可自行进行，承包人应对检验数据予以认可。

因承包人原因造成某项竣工后试验未能通过的，承包人应按照合同的约定进行赔偿，或者承包人提出修复建议，按照发包人指示的合理期限内改正，并承担合同约定的相应责任。

18.9　竣工后试验（B）

除专用合同条款另有约定外：

（1）发包人为竣工后试验提供必要的电力、材料、燃料、发包人人员和工程设备；

（2）承包人应提供竣工后试验所需要的所有其他设备、仪器，以及有资格和经验的工作人员；

（3）承包人应在发包人在场的情况下，进行竣工后试验。发包人应提前

21 天将竣工后试验的日期通知承包人。因承包人原因造成某项竣工后试验未能通过的，承包人应按照合同的约定进行赔偿，或者承包人提出修复建议，按照发包人指示的合理期限内改正，并承担合同约定的相应责任。

19. 缺陷责任与保修责任

19.1　缺陷责任期的起算时间

缺陷责任期自实际竣工日期起计算。在全部工程竣工验收前，已经发包人提前验收的区段工程或进入施工期运行的工程，其缺陷责任期的起算日期相应提前到相应工程竣工日。

19.2　缺陷责任

19.2.1　承包人应在缺陷责任期内对已交付使用的工程承担缺陷责任。

19.2.2　缺陷责任期内，发包人对已接收使用的工程负责日常维护工作。发包人在使用过程中，发现已接收的工程存在新的缺陷或已修复的缺陷部位或部件又遭损坏的，承包人应负责修复，直至检验合格为止。

19.2.3　监理人和承包人应共同查清缺陷和（或）损坏的原因。经查明属承包人原因造成的，应由承包人承担修复和查验的费用。经查验属发包人原因造成的，发包人应承担修复和查验的费用，并支付承包人合理利润。

19.2.4　承包人不能在合理时间内修复缺陷的，发包人可自行修复或委托其他人修复，所需费用和利润的承担，按第 19.2.3 项约定执行。

19.3　缺陷责任期的延长

由于承包人原因造成某项缺陷或损坏使某项工程或工程设备不能按原定目标使用而需要再次检查、检验和修复的，发包人有权要求承包人相应延长缺陷责任期，但缺陷责任期最长不超过 2 年。

19.4　进一步试验和试运行

任何一项缺陷或损坏修复后，经检查证明其影响了工程或工程设备的使用性能，承包人应重新进行合同约定的试验和试运行，试验和试运行的全部费用应由责任方承担。

19.5　承包人的进入权

缺陷责任期内承包人为缺陷修复工作需要，有权进入工程现场，但应遵守发包人的保安和保密规定。

19.6　缺陷责任期终止证书

在第 1.1.4.5 目约定的缺陷责任期，包括根据第 19.3 款延长的期限终止后 14 天内，由监理人向承包人出具经发包人签认的缺陷责任期终止证书，并退还剩余的质量保证金。

19.7　保修责任

合同当事人根据有关法律规定，在专用合同条款中约定工程质量保修范围、期限和责任。保修期自实际竣工日期起计算。在全部工程竣工验收前，已经发包人提前验收的区段工程，其保修期的起算日期相应提前。

20. 保险

20.1　设计和工程保险

20.1.1　承包人按照专用合同条款的约定向双方同意的保险人投保建设工程设计责任险、建筑工程一切险或安装工程一切险等保险。具体的投保险种、保险范围、保险金额、保险费率、保险期限等有关内容应当在专用合同条款中明确约定。

20.1.2　在缺陷责任期终止证书颁发前，承包人应按照专用合同条款的约定投保第三者责任险。

20.2　工伤保险

20.2.1　承包人员工伤保险

承包人应依照有关法律规定，为其履行合同所雇佣的全部人员投保工伤保险，缴纳工伤保险费，并要求其分包人也投保此项保险。

20.2.2　发包人员工伤保险

发包人应依照有关法律规定，为其现场机构雇佣的全部人员投保工伤保险，缴纳工伤保险费，并要求其监理人也进行此项保险。

20.3　人身意外伤害险

20.3.1　发包人应在整个施工期间为其现场机构雇用的全部人员，投保人身意外伤害险，缴纳保险费，并要求其监理人也进行此项保险。

20.3.2　承包人应在整个施工期间为其现场机构雇用的全部人员，投保人身意外伤害险，缴纳保险费，并要求其分包人也进行此项保险。

20.4　其他保险

除专用合同条款另有约定外，承包人应为其施工设备、进场的材料和工程设备等办理保险。

20.5　对各项保险的一般要求

20.5.1　保险凭证

承包人应在专用合同条款约定的期限内向发包人提交各项保险生效的证据和保险单副本，保险单必须与专用合同条款约定的条件保持一致。

20.5.2　保险合同条款的变动

承包人需要变动保险合同条款时，应事先征得发包人同意，并通知监理人。保险人作出变动的，承包人应在收到保险人通知后立即通知发包人和监理人。

20.5.3　持续保险

承包人应与保险人保持联系，使保险人能够随时了解工程实施中的变动，并确保按保险合同条款要求持续保险。

20.5.4　保险金不足的补偿

保险金不足以补偿损失的，应由承包人和（或）发包人按合同约定负责补偿。

20.5.5　未按约定投保的补救

（1）由于负有投保义务的一方当事人未按合同约定办理保险，或未能使保险持续有效的，另一方当事人可代为办理，所需费用由对方当事人承担。

（2）由于负有投保义务的一方当事人未按合同约定办理某项保险，导致受益人未能得到保险人的赔偿，原应从该项保险得到的保险金应由负有投保义务的一方当事人支付。

20.5.6　报告义务

当保险事故发生时，投保人应按照保险单规定的条件和期限及时向保险人报告。

21. 不可抗力

21.1　不可抗力的确认

21.1.1　不可抗力是指承包人和发包人在订立合同时不可预见，在履行合同过程中不可避免发生并不能克服的自然灾害和社会性突发事件，如地震、海啸、瘟疫、水灾、骚乱、暴动、战争和专用合同条款约定的其他情形。

21.1.2　不可抗力发生后，发包人和承包人应及时认真统计所造成的损失，收集不可抗力造成损失的证据。合同双方对是否属于不可抗力或其损失的意见不一致的，由监理人按第3.5款商定或确定。发生争议时，按第24条的约定执行。

21.2　不可抗力的通知

21.2.1　合同一方当事人遇到不可抗力事件，使其履行合同义务受到阻碍时，应立即通知合同另一方当事人和监理人，书面说明不可抗力和受阻碍的详细情况，并提供必要的证明。

21.2.2　如不可抗力持续发生，合同一方当事人应及时向合同另一方当事人和监理人提交中间报告，说明不可抗力和履行合同受阻的情况，并于不可抗力事件结束后28天内提交最终报告及有关资料。

21.3 不可抗力后果及其处理

21.3.1 不可抗力造成损害的责任

除专用合同条款另有约定外，不可抗力导致的人员伤亡、财产损失、费用增加和（或）工期延误等后果，由合同双方按以下原则承担：

（1）永久工程，包括已运至施工场地的材料和工程设备的损害，以及因工程损害造成的第三者人员伤亡和财产损失由发包人承担；

（2）承包人设备的损坏由承包人承担；

（3）发包人和承包人各自承担其人员伤亡和其他财产损失及其相关费用；

（4）承包人的停工损失由承包人承担，但停工期间应监理人要求照管工程和清理、修复工程的金额由发包人承担；

（5）不能按期竣工的，应合理延长工期，承包人不需支付逾期竣工违约金。发包人要求赶工的，承包人应采取赶工措施，赶工费用由发包人承担。

21.3.2 延迟履行期间发生的不可抗力

合同一方当事人延迟履行，在延迟履行期间发生不可抗力的，不免除其责任。

21.3.3 避免和减少不可抗力损失

不可抗力发生后，发包人和承包人均应采取措施尽量避免和减少损失的扩大，任何一方没有采取有效措施导致损失扩大的，应对扩大的损失承担责任。

21.3.4 因不可抗力解除合同

合同一方当事人因不可抗力不能履行合同的，应当及时通知对方解除合同。合同解除后，承包人应按照第22.2.4项约定撤离施工场地。已经订货的材料、设备由订货方负责退货或解除订货合同，不能退还的货款和因退货、解除订货合同发生的费用，由发包人承担，因未及时退货造成的损失由责任方承担。合同解除后的付款，参照第22.2.3项约定，由监理人按第3.5款商定或确定。

22. 违约

22.1 承包人违约

22.1.1 承包人违约的情形

在履行合同过程中发生的下列情况之一的，属承包人违约：

（1）承包人的设计、承包人文件、实施和竣工的工程不符合法律以及合同约定；

（2）承包人违反第1.8款或第4.3款的约定，私自将合同的全部或部分权利转让给其他人，或私自将合同的全部或部分义务转移给其他人；

（3）承包人违反第6.3款或第7.4款的约定，未经监理人批准，私自将已按合同约定进入施工场地的施工设备、临时设施或材料撤离施工场地；

（4）承包人违反第6.5款的约定使用了不合格材料或工程设备，工程质量达不到标准要求，又拒绝清除不合格工程；

（5）承包人未能按合同进度计划及时完成合同约定的工作，造成工期延误；

（6）由于承包人原因未能通过竣工试验或竣工后试验的；

（7）承包人在缺陷责任期内，未能对工程接收证书所列的缺陷清单的内容或缺陷责任期内发生的缺陷进行修复，而又拒绝按监理人指示再进行修补；

（8）承包人无法继续履行或明确表示不履行或实质上已停止履行合同；

（9）承包人不按合同约定履行义务的其他情况。

22.1.2 对承包人违约的处理

（1）承包人发生第22.1.1（6）目约定的违约情况时，按照发包人要求中的未能通过竣工/竣工后试验的损害进行赔偿。发生延期的，承包人应承担延期责任。

（2）承包人发生第22.1.1（8）目约定的违约情况时，发包人可通知承包人立即解除合同，并按第22.1.3项、第22.1.4项、第22.1.5项约定处理。

（3）承包人发生除第22.1.1（6）目和第22.1.1（8）目约定以外的其他违约情况时，监理人可向承包人发出整改通知，要求其在指定的期限内纠正。除合同条款另有约定外，承包人应承担其违约所引起的费用增加和（或）工期延误。

22.1.3 因承包人违约解除合同

监理人发出整改通知28天后，承包人仍不纠正违约行为的，发包人有权解除合同并向承包人发出解除合同通知。承包人收到发包人解除合同通知后14天内，承包人应撤离现场，发包人派员进驻施工场地完成现场交接手续，发包人有权另行组织人员或委托其他承包人。发包人因继续完成该工程的需要，有权扣留使用承包人在现场的材料、设备和临时设施。但发包人的这一行动不免除承包人应承担的违约责任，也不影响发包人根据合同约定享有的索赔权利。

22.1.4 发包人发出合同解除通知后的估价、付款和结清

（1）承包人收到发包人解除合同通知后28天内，监理人按第3.5款商定或确定承包人实际完成工作的价值，包括发包人扣留承包人的材料、设备及临时设施和承包人已提供的设计、材料、施工设备、工程设备、临时工程等的价值。

（2）发包人发出解除合同通知后，发包人有权暂停对承包人的一切付款，查清各项付款和已扣款金额，包括承包人应支付的违约金。

（3）发包人发出解除合同通知后，发包人有权按第23.4款的约定向承包人索赔由于解除合同给发包人造成的损失。

（4）合同双方确认合同价款后，发包人颁发最终结清付款证书，并结清全部合同款项。

（5）发包人和承包人未能就解除合同后的结清达成一致而形成争议的，按第24条的约定执行。

22.1.5　协议利益的转让

因承包人违约解除合同的，发包人有权要求承包人将其为实施合同而签订的材料和设备的订货协议或任何服务协议利益转让给发包人，并在承包人收到解除合同通知后的14天内，依法办理转让手续。发包人有权使用承包人文件和由承包人或以其名义编制的其他设计文件。

22.1.6　紧急情况下无能力或不愿进行抢救

在工程实施期间或缺陷责任期内发生危及工程安全的事件，监理人通知承包人进行抢救，承包人声明无能力或不愿立即执行的，发包人有权雇佣其他人员进行抢救。此类抢救按合同约定属于承包人义务的，由此发生的金额和（或）工期延误由承包人承担。

22.2　发包人违约

22.2.1　发包人违约的情形

在履行合同过程中发生下列情形之一的，属发包人违约：

（1）发包人未能按合同约定支付价款，或拖延、拒绝批准付款申请和支付凭证，导致付款延误；

（2）发包人原因造成停工；

（3）监理人无正当理由没有在约定期限内发出复工指示，导致承包人无法复工；

（4）发包人无法继续履行或明确表示不履行或实质上已停止履行合同；

（5）发包人不履行合同约定其他义务。

22.2.2　因发包人违约解除合同

（1）发生第22.2.1（4）目的违约情况时，承包人可书面通知发包人解除合同。

（2）承包人按12.2.1项约定暂停施工28天后，发包人仍不纠正违约行为的，承包人可向发包人发出解除合同通知。但承包人的这一行为不免除发包人承担的违约责任，也不影响承包人根据合同约定享有的索赔权利。

22.2.3 解除合同后的付款

因发包人违约解除合同的，发包人应在解除合同后28天内向承包人支付下列款项，承包人应在此期限内及时向发包人提交要求支付下列金额的有关资料和凭证：

（1）承包人发出解除合同通知前所完成工作的价款；

（2）承包人为该工程施工订购并已付款的材料、工程设备和其他物品的金额。发包人付款后，该材料、工程设备和其他物品归发包人所有；

（3）承包人为完成工程所发生的，而发包人未支付的金额；

（4）承包人撤离施工场地以及遣散承包人人员的金额；

（5）因解除合同造成的承包人损失；

（6）按合同约定在承包人发出解除合同通知前应支付给承包人的其他金额。

发包人应按本项约定支付上述金额并退还质量保证金和履约担保，但有权要求承包人支付应偿还给发包人的各项金额。

22.2.4 解除合同后的承包人撤离

因发包人违约而解除合同后，承包人应妥善处理正在施工的工程和已购材料、设备的保护和移交工作，并按发包人的要求将承包人设备和人员撤出施工场地。承包人撤出施工场地应遵守第18.7.1项的约定，发包人应为承包人撤出提供必要条件并办理移交手续。

22.3 第三人造成的违约

在履行合同过程中，一方当事人因第三人的原因造成违约的，应当向对方当事人承担违约责任。一方当事人和第三人之间的纠纷，依照法律规定或者按照约定解决。

23. 索赔

23.1 承包人索赔的提出

根据合同约定，承包人认为有权得到追加付款和（或）延长工期的，应按以下程序向发包人提出索赔：

（1）承包人应在知道或应当知道索赔事件发生后28天内，向监理人递交索赔意向通知书，并说明发生索赔事件的事由。承包人未在前述28天内发出索赔意向通知书的，工期不予顺延，且承包人无权获得追加付款；

（2）承包人应在发出索赔意向通知书后28天内，向监理人正式递交索赔通知书。索赔通知书应详细说明索赔理由以及要求追加的付款金额和（或）延长的工期，并附必要的记录和证明材料；

（3）索赔事件具有连续影响的，承包人应按合理时间间隔继续递交延续索赔通知，说明连续影响的实际情况和记录，列出累计的追加付款金额和（或）工期延长天数；

（4）在索赔事件影响结束后的28天内，承包人应向监理人递交最终索赔通知书，说明最终要求索赔的追加付款金额和延长的工期，并附必要的记录和证明材料。

23.2 承包人索赔处理程序

（1）监理人收到承包人提交的索赔通知书后，应及时审查索赔通知书的内容、查验承包人的记录和证明材料，必要时监理人可要求承包人提交全部原始记录副本。

（2）监理人应按第3.5款商定或确定追加的付款和（或）延长的工期，并在收到上述索赔通知书或有关索赔的进一步证明材料后的42天内，将索赔处理结果答复承包人。监理人应当在收到索赔通知书或有关索赔的进一步证明材料后的42天内不予答复的，视为认可索赔。

（3）承包人接受索赔处理结果的，发包人应在作出索赔处理结果答复后28天内完成赔付。承包人不接受索赔处理结果的，按第24条的约定执行。

23.3 承包人提出索赔的期限

23.3.1 承包人按第17.5款的约定接受了竣工付款证书后，应被认为已无权再提出在合同工程接收证书颁发前所发生的任何索赔。

23.3.2 承包人按第17.6款的约定提交的最终结清申请单中，只限于提出工程接收证书颁发后发生的索赔。提出索赔的期限自接受最终结清证书时终止。

23.4 发包人的索赔

23.4.1 发包人应在知道或应当知道索赔事件发生后28天内，向承包人发出索赔通知，并说明发包人有权扣减的付款和（或）延长缺陷责任期的细节和依据。发包人未在前述28天内发出索赔通知的，丧失要求扣减付款和（或）延长缺陷责任期的权利。发包人提出索赔的期限和要求与第23.3款的约定相同，要求延长缺陷责任期的通知应在缺陷责任期届满前发出。

23.4.2 发包人按第3.5款商定或确定发包人从承包人处得到赔付的金额和（或）缺陷责任期的延长期。承包人应付给发包人的金额可从拟支付给承包人的合同价款中扣除，或由承包人以其他方式支付给发包人。

24. 争议的解决

24.1 争议的解决方式

发包人和承包人在履行合同中发生争议的，可以友好协商解决或者提请争议评审组评审。合同当事人友好协商解决不成、不愿提请争议评审或者不接受争议评审组意见的，可在专用合同条款中约定下列一种方式解决：

（1）向约定的仲裁委员会申请仲裁；

（2）向有管辖权的人民法院提起诉讼。

24.2　友好解决

在提请争议评审、仲裁或者诉讼前，以及在争议评审、仲裁或诉讼过程中，发包人和承包人均可共同努力友好协商解决争议。

24.3　争议评审

24.3.1　采用争议评审的，发包人和承包人应在开工日后的28天内或在争议发生后，协商成立争议评审组。争议评审组由有合同管理和工程实践经验的专家组成。

24.3.2　合同双方的争议，应首先由申请人向争议评审组提交一份详细的评审申请报告，并附必要的文件、图纸和证明材料，申请人还应将上述报告的副本同时提交给被申请人和监理人。

24.3.3　被申请人在收到申请人评审申请报告副本后的28天内，向争议评审组提交一份答辩报告，并附证明材料。被申请人应将答辩报告的副本同时提交给申请人和监理人。

24.3.4　除专用合同条款另有约定外，争议评审组在收到合同双方报告后的14天内，邀请双方代表和有关人员举行调查会，向双方调查争议细节；必要时争议评审组可要求双方进一步提供补充材料。

24.3.5　除专用合同条款另有约定外，在调查会结束后的14天内，争议评审组应在不受任何干扰的情况下进行独立、公正的评审，作出书面评审意见，并说明理由。在争议评审期间，争议双方暂按总监理工程师的确定执行。

24.3.6　发包人和承包人接受评审意见的，由监理人根据评审意见拟定执行协议，经争议双方签字后作为合同的补充文件，并遵照执行。

24.3.7　发包人或承包人不接受评审意见，并要求提交仲裁或提起诉讼的，应在收到评审意见后的14天内将仲裁或起诉意向书面通知另一方，并抄送监理人，但在仲裁或诉讼结束前应暂按总监理工程师的确定执行。

第二节　专用合同条款

第三节　合同附件格式

附件一：合同协议书

合同协议书

________（发包人名称，以下简称“发包人”）为实施________（项目名称），已接受________（承包人名称，以下简称“承包人”）对该项目设计施工总承包投标。发包人和承包人共同达成如下协议。

1. 本协议书与下列文件一起构成合同文件：

（1）中标通知书；

（2）投标函及投标函附录；

（3）专用合同条款；

（4）通用合同条款；

（5）发包人要求；

（6）价格清单；

（7）承包人建议；

（8）其他合同文件。

2. 上述文件互相补充和解释，如有不明确或不一致之处，以合同约定次序在先者为准。

3. 签约合同价：人民币（大写）________（¥________）。

4. 承包人项目经理：________；设计负责人：________；施工负责人：________。

5. 工程质量符合的标准和要求：____________。

6. 承包人承诺按合同约定承担工程的设计、实施、竣工及缺陷修复。

7. 发包人承诺按合同约定的条件、时间和方式向承包人支付合同价款。

8. 承包人计划开始工作时间：________，实际开始工作时间按照监理人开始工作通知中载明的开始工作时间为准。工期为________天。

9. 本协议书一式________份，合同双方各执一份。

10. 合同未尽事宜，双方另行签订补充协议。补充协议是合同的组成部分。

发包人：__________（盖单位章）
法定代表人或其委托代理人：________
（签字）
______年______月______日

承包人：__________（盖单位章）
法定代表人或其委托代理人：________
（签字）
______年______月______日

附件二：履约担保格式

履约担保

________（发包人名称）：

鉴于________（发包人名称，以下简称“发包人”）接受________（承包人名称，以下称“承包人”）于______年______月______日参加________（项目名称）的投标。我方愿意就承包人履行与你方订立的合同，向你方提供担保。

1. 担保金额人民币（大写）________（¥________）。

2. 担保有效期自发包人与承包人签订的合同生效之日起至发包人签发工程接收证书之日止。

2. 担保有效期自发包人与承包人签订的合同生效之日起至承包人通过竣工后试验之日止。

3. 在本担保有效期内，因承包人违反合同约定的义务给你方造成经济损失时，我方在收到你方以书面形式提出的在担保金额内的赔偿要求后，在7天内支付。

4. 发包人和承包人按《通用合同条款》第15条变更合同时，我方承担本担保规定的义务不变。

担 保 人：____________________（盖单位章）

法定代表人或其委托代理人：________（签字）

地　　址：________________________________

邮政编码：________________________________

电　　话：________________________________

______年______月______日

附件三：预付款担保格式

预付款担保

________（发包人名称）：

根据________（承包人名称）（以下称“承包人”）与________（发包人名称）（以下简称“发包人”）于______年______月______日签订的________（项目名称）设计施工总承包合同，承包人按约定的金额向发包人提交一份预付款担保，即有权得到发包人支付相等金额的预付款。我方愿意就你方提供给承包人的预付款提供担保。

1. 担保金额人民币（大写）________（¥________）。

2. 担保有效期自预付款支付给承包人起生效，至发包人签发的进度付款证书说明预付款已完全扣清止。

3. 在本保函有效期内，因承包人违反合同约定的义务而要求收回预付款时，我方在收到你方的书面通知后，在7天内支付。但本保函的担保金额，在任何时候不应超过预付款金额减去发包人按合同约定在向承包人签发的进度付款证书中扣除的金额。

4. 发包人和承包人按《通用合同条款》第15条变更合同时，我方承担本保函规定的义务不变。

担 保 人：______________（盖单位章）
法定代表人或授权人：________（签字）
地　　址：__________________________
邮政编码：__________________________
电　　话：__________________________

______年______月______日

第二卷

第五章　发包人要求

发包人要求

发包人要求应尽可能清晰准确，对于可以进行定量评估的工作，发包人要求不仅应明确规定其产能、功能、用途、质量、环境、安全，并且要规定偏离的范围和计算方法，以及检验、试验、试运行的具体要求。对于承包人负责提供的有关设备和服务，对发包人人员进行培训和提供一些消耗品等，在发包人要求中应一并明确规定。

发包人要求通常包括但不限于以下内容：

一、功能要求

（一）工程的目的。

（二）工程规模。

（三）性能保证指标（性能保证表）。

（四）产能保证指标。

二、工程范围

（一）概述

（二）包括的工作

1. 永久工程的设计、采购、施工范围。
2. 临时工程的设计与施工范围。
3. 竣工验收工作范围。
4. 技术服务工作范围。
5. 培训工作范围。
6. 保修工作范围。

（三）工作界区

（四）发包人提供的现场条件

1. 施工用电。
2. 施工用水。
3. 施工排水。

（五）发包人提供的技术文件

除另有批准外，承包人的工作需要遵照发包人的下列技术文件：

1. 发包人需求任务书。
2. 发包人已完成的设计文件。

三、工艺安排或要求（如有）

四、时间要求

（一）开始工作时间。
（二）设计完成时间。
（三）进度计划。
（四）竣工时间。
（五）缺陷责任期。
（六）其他时间要求。

五、技术要求

（一）设计阶段和设计任务。
（二）设计标准和规范。
（三）技术标准和要求。
（四）质量标准。
（五）设计、施工和设备监造、试验（如有）。
（六）样品。
（七）发包人提供的其他条件，如发包人或其委托的第三人提供的设计、工艺包、用于试验检验的工器具等，以及据此对承包人提出的予以配套的要求。

六、竣工试验

（一）第一阶段，如对单车试验等的要求，包括试验前准备。
（二）第二阶段，如对联动试车、投料试车等的要求，包括人员、设备、材料、燃料、电力、消耗品、工具等必要条件。
（三）第三阶段，如对性能测试及其他竣工试验的要求，包括产能指标、产品质量标准、运营指标、环保指标等。

七、竣工验收

八、竣工后试验（如有）

九、文件要求

（一）设计文件，及其相关审批、核准、备案要求。

（二）沟通计划。
（三）风险管理计划。
（四）竣工文件和工程的其他记录。
（五）操作和维修手册。
（六）其他承包人文件。

十、工程项目管理规定

（一）质量。
（二）进度，包括里程碑进度计划（如果有）。
（三）支付。
（四）HSE（健康、安全与环境管理体系）。
（五）沟通。
（六）变更。

十一、其他要求

（一）对承包人的主要人员资格要求。
（二）相关审批、核准和备案手续的办理。
（三）对项目业主人员的操作培训。
（四）分包。
（五）设备供应商。
（六）缺陷责任期的服务要求。

发包人要求附件清单

附件一：性能保证表
附件二：工作界区图
附件三：发包人需求任务书
附件四：发包人已完成的设计文件
附件五：承包人文件要求
附件六：承包人人员资格要求及审查规定
附件七：承包人设计文件审查规定
附件八：承包人采购审查与批准规定
附件九：材料、工程设备和工程试验规定
附件十：竣工试验规定
附件十一：竣工验收规定
附件十二：竣工后试验规定
附件十三：工程项目管理规定

第六章　发包人提供的资料

发包人提供的资料

一、项目概况

二、发包人提供的资料

1. 施工场地及毗邻区域内的供水、排水、供电、供气、供热、通信、广播电视等地下管线资料、气象和水文观测资料，相邻建筑物和构筑物、地下工程的有关资料，以及其他与建设工程有关的原始资料。

2. 定位放线的基准点、基准线和基准标高。

3. 发包人取得的有关审批、核准和备案材料，如规划许可证。

4. 其他资料。

第三卷

第七章　投标文件格式

________________（项目名称）设计施工总承包招标

投标文件

投标人：______________________（盖单位章）

法定代表人或其委托代理人：________（签字）

______年______月______日

目　录

一、投标函及投标函附录

（一）投标函

________（招标人名称）：

1. 我方已仔细研究了________（项目名称）设计施工总承包招标文件的全部内容，愿意以人民币（大写）________（¥________）的投标总报价，工期______日历天，按合同约定进行设计、实施和竣工承包工程，修补工程中的任何缺陷，实现工程目的。

2. 我方承诺在招标文件规定的投标有效期内不修改、撤销投标文件。

3. 随同本投标函提交投标保证金一份，金额为人民币（大写）________（¥________）。

4. 如我方中标：

（1）我方承诺在收到中标通知书后，在中标通知书规定的期限内与你方签订合同。

（2）随同本投标函递交的投标函附录属于合同文件的组成部分。

（3）我方承诺按照招标文件规定向你方递交履约担保。

（4）我方承诺在合同约定的期限内完成并移交全部合同工程。

5. 我方在此声明，所递交的投标文件及有关资料内容完整、真实和准确，且不存在第二章“投标人须知”第 1.4.3 项和第 1.4.4 项规定的任何一种情形。

6. ____________________（其他补充说明）。

投 标 人：____________________（盖单位章）
法定代表人或其委托代理人：________（签字）
地　　址：____________________
网　　址：____________________
电　　话：____________________
传　　真：____________________
邮政编码：____________________

______年______月______日

（二）投标函附录

序号	条款名称	合同条款号	约定内容	备注
1	项目经理	1.1.2.4	姓名：	
2	工期	1.1.4.3	天数：　　　日历天	
3	缺陷责任期	1.1.4.5	……	
4	分包	4.3.4	……	
5	价格调整的差额计算	16.1.1	见价格指数权重表	
……	……	……	……	
……	……	……	……	

价格指数权重表

名称		基本价格指数		权重			价格指数来源
		代号	指数值	代号	允许范围	投标人建议值	
定值部分				A			
变值部分	人工费	F_{01}	……	B_1	__至__	……	……
	钢材	F_{02}	……	B_2	__至__	……	……
	水泥	F_{03}	……	B_3	__至__	……	……
	……	……	……	……	……	……	……
	……	……	……	……	……	……	……
	……	……	……	……	……	……	……
合　计						1.00	

二、法定代表人身份证明

投标人名称：______________________

单位性质：________________________

地址：___________________________

成立时间：_____年_____月_____日

经营期限：__________________________

姓名:_______性别:_____年龄:_______职务:_______

系_________________________（投标人名称）的法定代表人。

特此证明。

附：法定代表人身份证复印件。

投标人：_____________________（盖单位章）

_____年_____月_____日

二、授权委托书

本人________（姓名）系________（投标人名称）的法定代表人，现委托________（姓名）为我方代理人。代理人根据授权，以我方名义签署、澄清、说明、补正、递交、撤回、修改________（项目名称）设计施工总承包投标文件、签订合同和处理有关事宜，其法律后果由我方承担。

委托期限：________。

代理人无转委托权。

附：法定代表人身份证明

投标人：____________________（盖单位章）

法定代表人：____________________（签字）

身份证号码：____________________________

委托代理人：____________________（签字）

身份证号码：______________附身份证复印件

______年______月______日

三、联合体协议书

________（所有成员单位名称）自愿组成________（联合体名称）联合体，共同参加________（项目名称）设计施工总承包投标。现就联合体投标事宜订立如下协议。

1. ________（某成员单位名称）为________（联合体名称）牵头人。

2. 联合体牵头人合法代表联合体各成员负责本招标项目投标文件编制和合同谈判活动，并代表联合体提交和接收相关的资料、信息及指示，并处理与之有关的一切事务，负责合同实施阶段的主办、组织和协调工作。

3. 联合体将严格按照招标文件的各项要求，递交投标文件，履行合同，并对外承担连带责任。

4. 联合体各成员单位内部的职责分工如下：________。

5. 本协议书自签署之日起生效，合同履行完毕后自动失效。

6. 本协议书一式________份，联合体成员和招标人各执一份。

注：本协议书由委托代理人签字的，应附法定代表人签字的授权委托书。

牵头人名称：__________________（盖单位章）
法定代表人或其委托代理人：________（签字）
成员一名称：__________________（盖单位章）
法定代表人或其委托代理人：________（签字）
成员二名称：__________________（盖单位章）
法定代表人或其委托代理人：________（签字）
……

______年______月______日

四、投标保证金

________（招标人名称）：

鉴于________（投标人名称）（以下称“投标人”）于______年______月______日参加________（项目名称）的投标，________（担保人名称，以下简称“我方”）保证：投标人在规定的投标有效期内撤销或修改其投标文件的，或者投标人在收到中标通知书后无正当理由拒签合同或拒交规定履约担保的，我方承担保证责任。收到你方书面通知后，在7日内向你方支付人民币（大写）________。

本保函在投标有效期内保持有效。要求我方承担保证责任的通知应在投标有效期内送达我方。

担保人名称：____________________（盖单位章）

法定代表人或授权人：________________（签字）

地　　址：____________________________________

邮政编码：____________________________________

电　　话：____________________________________

______年______月______日

四、投标保证金

________（招标人名称）：

我方于______年______月______日参加________（项目名称）的投标，现保证：我方在规定的投标有效期内撤销或修改投标文件的，或者在收到中标通知书后无正当理由拒签合同或拒交规定履约担保的，投标保证金不予退还。

投标人名称：____________（盖单位章）
法定代表人或授权人：________（签字）
地　　址：__________________________
邮政编码：__________________________
电　　话：__________________________

______年______月______日

五、价格清单

（一）价格清单说明

1.1 价格清单列出的任何数量，不视为要求承包人实施的工程的实际或准确的工作量。在价格清单中列出的任何工作量和价格数据应仅限用于合同约定的变更和支付的参考资料，而不能用于其他目的。

1.2 本价格清单应与招标文件中投标人须知、专用合同条款、通用合同条款、发包人要求等一起阅读和理解。

1.3 设计费的说明：________________。（A）

1.3 勘察设计费的说明：________________。（B）

1.4 工程设备费的说明：________________。

1.5 必备的备品备件费的说明：________________。

1.6 建筑安装工程费的说明：________________。

1.7 技术服务费的说明：________________。

1.8 暂列金额的说明：________________。

1.9 暂估价的说明：由招标人列明并应包含在投标报价汇总表中。

1.10 其他费用的说明：________________。

（二）价格清单

2.1　勘察设计费清单

单位：人民币元

序号	项目名称	工作内容	金额（元）	备注
合计报价				

2.2 工程设备费清单

单位：人民币元

序号	设备名称	规格型号	数量	单价	合价
合计报价					

2.3 必备的备品备件费清单

单位：人民币元

序号	备品备件名称	规格型号	数量	单价	合价
合计报价					

2.4 建筑安装工程费清单

单位：人民币元

序号	项目名称	工作内容	单位	数量	单价	合价
合计报价						

2.5　技术服务费清单

单位：人民币元

序号	项目名称	工作内容	金额	备注
合计报价				

2.6 暂估价清单

2.6.1 材料暂估价表

序号	名称	单位	数量	单价	合价	备注

2.6.2 工程设备暂估价表

序号	名称	单位	数量	单价	合价	备注

2.6.3 专业工程暂估价表

序号	专业工程名称	工程内容	金额
小计：			

2.7　其他费用清单

单位：人民币元

序号	项目名称	内容	金额	备注
合计报价				

2.8 投标报价汇总表

序号	项目名称	金额（人民币元）	备注
投标报价			

六、承包人建议书

（一）图纸

（二）工程详细说明

（三）设备方案

1. 生产设备。

2. 必备的备品备件。

3. 备选的备品备件。

（四）分包方案

（五）对发包人要求错误的说明

（六）其他

说明：发包人认为承包人实施计划中的有关内容应列入承包人建议书的，应在本页载明。

七、承包人实施计划

（一）概述

1. 项目简要介绍。
2. 项目范围。
3. 项目特点。

（二）总体实施方案

1. 项目目标（质量、工期、造价）。
2. 项目实施组织形式。
3. 项目阶段划分。
4. 项目工作分解结构。
5. 对项目各阶段工作及文件的要求。
6. 项目分包和采购计划。
7. 项目沟通与协调程序。

（三）项目实施要点

1. 勘察设计实施要点。
2. 采购实施要点。
3. 施工实施要点。
4. 试运行实施要点。

（四）项目管理要点

1. 合同管理要点。
2. 资源管理要点。
3. 质量控制要点。
4. 进度控制要点。
5. 费用估算及控制要点。
6. 安全管理要点。
7. 职业健康管理要点。
8. 环境管理要点。

9. 沟通和协调管理要点。
10. 财务管理要点。
11. 风险管理要点。
12. 文件及信息管理要点。
13. 报告制度。

说明：发包人认为上述内容应列入承包人建议书的，应在“投标文件格式”中“承包人建议书”中载明。

八、资格审查资料

（一）投标人基本情况表

<table>
<tr><td>投标人名称</td><td colspan="6"></td></tr>
<tr><td>注册地址</td><td colspan="3"></td><td>邮政编码</td><td colspan="2"></td></tr>
<tr><td rowspan="2">联系方式</td><td>联系人</td><td colspan="2"></td><td>电话</td><td colspan="2"></td></tr>
<tr><td>传　真</td><td colspan="2"></td><td>网址</td><td colspan="2"></td></tr>
<tr><td>组织结构</td><td colspan="6"></td></tr>
<tr><td>法定代表人</td><td>姓名</td><td></td><td>技术职称</td><td></td><td>电话</td><td></td></tr>
<tr><td>技术负责人</td><td>姓名</td><td></td><td>技术职称</td><td></td><td>电话</td><td></td></tr>
<tr><td>成立时间</td><td colspan="2"></td><td>员工总人数：</td><td colspan="3"></td></tr>
<tr><td>企业资质等级</td><td colspan="2"></td><td rowspan="5">其中</td><td>项目经理</td><td colspan="2"></td></tr>
<tr><td>营业执照号</td><td colspan="2"></td><td>高级职称人员</td><td colspan="2"></td></tr>
<tr><td>注册资金</td><td colspan="2"></td><td>中级职称人员</td><td colspan="2"></td></tr>
<tr><td>开户银行</td><td colspan="2"></td><td>初级职称人员</td><td colspan="2"></td></tr>
<tr><td>账号</td><td colspan="2"></td><td>技工</td><td colspan="2"></td></tr>
<tr><td>经营范围</td><td colspan="6"></td></tr>
<tr><td>备注</td><td colspan="6"></td></tr>
</table>

（二）近年财务状况表

(三) 近年完成的类似项目情况表

项目名称	
项目所在地	
发包人名称	
发包人地址	
发包人电话	
合同价格	
开工日期	
竣工日期	
承担的工作	
工程质量	
项目经理	
技术负责人	
项目描述	
备注	

（四）正在实施的和新承接的项目情况表

项目名称	
项目所在地	
发包人名称	
发包人地址	
发包人电话	
签约合同价	
开工日期	
计划竣工日期	
承担的工作	
工程质量	
项目经理	
技术负责人	
项目描述	
备注	

(五) 近年发生的重大诉讼及仲裁情况

（六）拟投入本项目的主要施工设备表

序号	设备名称	型号规格	数量	国别产地	制造年份	额定功率（kW）	生产能力	用于施工部位	备注

（七）拟配备本项目的试验和检测仪器设备表

序号	仪器设备名称	型号规格	数量	国别产地	制造年份	已使用台时数	用途	备注

（八）项目管理机构组成表

职务	姓名	职称	执业或职业资格证明					备注
			证书名称	级别	证号	专业	养老保险	

（九）主要人员简历表

“主要人员简历表”中的项目经理应附项目经理证、身份证、职称证、学历证、养老保险复印件，管理过的项目业绩须附合同协议书复印件；设计、施工、采购负责人应附身份证、职称证、学历证、养老保险复印件，以及设计、施工负责人的执业资格证书复印件，管理过的项目业绩须附证明其所任技术职务的企业文件或用户证明；其他主要人员应附职称证（执业证或上岗证书）、养老保险复印件。

姓　名		年龄		学历	
职　称		职务		拟在本合同任职	
毕业学校	年毕业于　　　学校　　　专业				
主要工作经历					

时　间	参加过的类似项目	担任职务	发包人及联系电话

九、其他资料